法者，尺寸也，绳墨也，规矩也，
衡石也，斗斛也，角量也，谓之法。

此专著受湖南师范大学"体育学"湖南省重点学科与"体适能与运动康复"湖南省重点实验室资助

基金项目：2019年湖南省哲学社会科学基金项目（19YBA237）

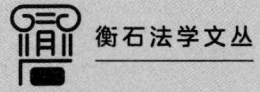衡石法学文丛

中国体育赛事知识产权保护研究

A Study on the Protection of Intellectual Property of Sports Events in China

龚韬 ◆ 著

中国政法大学出版社

2021·北京

声　明　1. 版权所有，侵权必究。
　　　　2. 如有缺页、倒装问题，由出版社负责退换。

图书在版编目（CIP）数据

中国体育赛事知识产权保护研究/龚韬著. —北京：中国政法大学出版社，2021.2
ISBN 978-7-5620-9694-8

Ⅰ.①中…　Ⅱ.①龚…　Ⅲ.①运动竞赛－知识产权保护－研究－中国　Ⅳ.①D923.404

中国版本图书馆CIP数据核字(2020)第206292号

书　名	中国体育赛事知识产权保护研究 ZHONGGUO TIYUSAISHI ZHISHICHANQUAN BAOHU YANJIU
出版者	中国政法大学出版社
地　址	北京市海淀区西土城路25号
邮　箱	fadapress@163.com
网　址	http://www.cuplpress.com（网络实名：中国政法大学出版社）
电　话	010-58908466(第七编辑部) 010-58908334(邮购部)
承　印	固安华明印业有限公司
开　本	720mm×960mm　1/16
印　张	12.75
字　数	180千字
版　次	2021年2月第1版
印　次	2021年2月第1次印刷
定　价	65.00元

中国体育赛事知识产权呼唤得到保护
（代序）

知识产权保护对于体育产业的健康、持续发展至关重要。党的十八大以来，我国知识产权事业不断发展，党的十九届五中全会通过的《中共中央关于制定国民经济和社会发展第十四个五年规划和二〇三五年远景目标的建议》对加强知识产权保护工作提出明确要求。2020年11月30日，习近平总书记在中央政治局第二十五次集体学习时强调，知识产权保护工作关系国家治理体系和治理能力现代化，关系高质量发展，关系人民生活幸福，关系国家对外开放大局，关系国家安全。知识产权鼓励所有领域中的创新和创意活动，包括体育领域。

相比过去对于中国体育赛事知识产权保护的研究，现在我辈已经站在巨人的肩膀上。事实上，我国各地在体育赛事知识产权保护方面，已经出台过诸多规定。如南京市人民政府于2010年底颁布了《南京市青年奥林匹克运动会知识产权保护规定》，并于2011年1月1日起施行；湖北省人民政府颁布的《湖北省第七届世界军人运动会知识产权保护规定》自2019年4月1日起施行。

体育赛事知识产权保护，对于国内和国外都具有重要意义。从国内来看，体育产业已经成为我国经济发展的重要组成部分，而体育赛事又是体育产业的重要组成部分，是经济发展的不竭动力。从国际来看，对于体育赛事知识产权的关注日渐广泛，而我国目前并未将体育赛事知识产权作为单独的体系予以设立和保护，导致在体育赛事中产生众多的知识产权侵权纠纷、合同纠纷。

正所谓"一代人有一代人之学术"。本书作者多年潜心研习，不仅收集了大量的国内外文献资料，为了更加深入地了解国外情况，还到美国进行访学，为本书的完成付出了大量心血，本书也不负众望，兼具及时性、理论性和实用性。

在本书中，作者阐述了体育赛事和体育赛事知识产权的概念，介绍了体育赛事知识产权保护的主要对象，包括体育赛事转播权、体育赛事品牌和体育赛事商业秘密。进而，作者描述了体育赛事转播权的知识产权保护、体育赛事品牌知识产权保护和体育赛事商业秘密知识产权保护，解读了它们的主要内容和理论争鸣并逐一进行考述，并且针对它们的主要侵权类型提出了具体的解决路径和对策建议。最后，在我国现行法律体系下，作者结合我国体育赛事知识产权基础理论的特殊性及域外知识产权保护实践，有针对性地深入探讨了优化我国体育赛事知识产权保护的具体路径和方案，建设性地提出了体育赛事知识产权的立法建议。从国内和国际来看，对于体育赛事领域知识产权保护纠纷，从抽象的角度而不是从实体个案的角度给出统一的解决方案非常必要。本书的出版在理论上有利于完善体育赛事知识产权保护制度；在实践上有利于推动体育赛事知识产权保护体制的不断完善，促进体育产业平稳健康发展。

"理无专在，而学无止境也"。我相信，在体育赛事领域知识产权保护纠纷愈演愈烈的背景下，本书能够掀起一些涟漪，号召更多同仁进行此项研究，推动体育赛事知识产权和其他权益得到更为明确的法律保护。

是为序。

吉首大学二级教授、博士生导师　白晋湘
2020 年 12 月

摘　要

在体育知识化、科技化、专业化、社会化浪潮下，大量的体育知识产权客体随之产生，成为推动社会经济发展的重要动力，但是我们也应该看到，在我国体育领域，仍有不少终端智力成果尚未列入知识产权保护的范围，以至于体育知识产权被侵犯的情形时有发生。而作为体育的集中化表现形式，体育赛事，尤其是大型体育赛事中的知识产权保护问题不断引起理论界和实务界的重视。因此，在法治化的进程中，将体育赛事知识产权的保护纳入法治化的轨道是必然趋势，而在我国立法缺位、司法模糊的现状下，对体育赛事知识产权保护问题进行研究有着更为深远的意义。本书主要寻找体育赛事知识产权保护的法理基础，构建体育赛事知识产权保护的法律体系，解决司法实践中棘手的体育赛事知识产权保护问题，并为体育赛事知识产权保护提供必要的立法建议。本书重点对体育赛事品牌知识产权的内涵进行分析，主要包括体育赛事转播权、体育赛事品牌与体育赛事商业秘密，分析各类体育赛事知识产权的特点及表现形式，在此基础上寻找体育赛事知识产权保护的一般模式及一般路径，并在我国现行法律体系下，结合我国体育赛事知识产权基础理论的特殊性及域外知识产权保护实践，有针对性地深入探讨优化我国体育赛事知识产权保护的具体路径和方案。

本书采用文献资料、专家访谈、理论研究与实证研究相结合、历史研究与比较研究相结合的手段，运用规范分析、价值分析方法，对体育赛事知识产权进行了理论分析，进而探讨体育赛事品牌知识产权的内涵、类型等基本理论问题，揭示体育赛事知识产权保护不充分等多方原因，梳理体育法律规范体系现状和存在的问题，并借鉴域外理论和法律保障经验，就体育赛事知识产权的立法保护提出可行性建议。

研究认为：

（1）体育赛事是指大型的竞技体育比赛。体育赛事与经济发展紧密相连；体育赛事具有明显的财产属性与人身属性；我国目前并未对体育赛事知识产权进行特殊的法律保护，即未能在立法与司法上对其采取差异化的应对措施，包括实体法与程序法两个层面。

（2）体育赛事知识产权是指权利人在体育竞赛或相关产业经营等行业的具有经营性标志的新型智力成果，依据法律的规定对其所享有的专有权利的总称。体育赛事知识产权的保护看似是独立的法律概念，其实可以纳入知识产权法律体系当中。但由于体育赛事知识产权的保护对象具有模糊性与分散性，体育赛事转播权、体育赛事品牌以及体育赛事商业秘密等重要组成部分各自都具有特殊化的表现形式，故不能简单地通过现行知识产权法律对其进行解决。对此，建立单独的体育赛事知识产权保护体系具有紧迫性，而如何在集中化保护与分散化保护中选择也成为立法上需要关注的重点。

（3）体育赛事转播是体育赛事与现代科技发展的产物，是时代进步在体育领域的体现。体育赛事转播权并非在出现伊始就具有复杂的法律意义，而是在法治化的过程中被纳入法学领域，并通过法律符号予以表达。在体育赛事转播过程中，如何确定或保护转播的利益，被法学理论或法律规范识别为体育赛事转播权。域外对体育赛事转播权性质的讨论形成了多种观点，无论是企业权利说还是赛场准入权说，抑或是娱乐服务提供说，其理论来源均根植于一国的立法、司法乃至基本法律。当我国开始出现关于转播权问题的讨论时，各种观点的理论来源也都与我国立法与司法实践密不可分。其中，试图通过现有《著作权法》来推定或寻找体育赛事转播权成为一种比较普遍的研究路径。从效力到性质的研究路径，将体育赛事转播权作为一种特殊化权利予以对待更有利于体育赛事知识产权的保护。实践中，对体育赛事转播权的侵犯成为研究体育赛事转播权的重点，直接侵权与间接侵权均对其产生了巨大的危害，而单纯地依托《著作权法》对其进行保护已经不够全面，因为不但在具体解释时很难将转播权的所有主体纳入《著作权法》的保护范围，而且可能导致对体育赛事转播权的客体究竟为何也出现争议。故将体育赛事转播权限定为特殊权利且给予单独立法，可起到更好的效果。

（4）体育赛事品牌是体育赛事与市场经济结合的产物，不但承载着体育赛事之间的区别功能，更承载着丰厚的经济利益。因此，通过法律途径对其进行保护、规制成为法治化国家的当然选择，将体育赛事品牌作为一种特定的受到限制的知识产权类型更有利于对其进行有针对性的保护。

（5）体育赛事品牌被侵权已经成为体育赛事领域的重大问题，这凸显了体育赛事品牌保护的重要性。无论是对体育赛事品牌本身的侵权还是对体育赛事品牌的代表性运动员的侵权，其对体育赛事品牌内在利益的侵害都是十分严重的。我国对体育赛事品牌的保护并非采用集中化模式，而是更多地散见于《商标法》《反不正当竞争法》乃至《民法典》的条文中，这降低了保护力度，增加了保护的不确定性，更无法统一体育赛事品牌保护的司法裁判。因此，将体育赛事品牌在理论上限定为特殊的知识产权，并将其以特定的权利模式展开立法，方可有利于体育赛事品牌的保护。

（6）体育赛事商业秘密已经成为推动体育赛事发展的重要动力，谁掌握了体育赛事商业秘密，谁就可以提高体育赛事竞技的观赏度，进而吸引更多的观众，创造更多的市场价值。在现有的体育赛事商业秘密的具体保护中，体育赛事商业秘密享有的主体混乱、模糊，多种级别的规范性文件共存更增加了体育赛事商业秘密保护的混乱性，尤其经常采用政策性文件、通知的方式,看似加大了对体育赛事商业秘密的保护,实则限制了体育赛事商业秘密的保护。因此,应将体育赛事商业秘密作为一种特定的知识产权,通过专门立法的方式对其进行规范,并将其同时纳入体育赛事知识产权的理论范畴之中。

目 录

中国体育赛事知识产权呼唤得到保护（代序） / 1

摘　要 / 1

导　言 / 1

第一章　体育赛事知识产权保护的理论范畴 / 20
 第一节　体育赛事与知识产权 / 20
 第二节　体育赛事知识产权的集中化保护模式 / 42
 第三节　体育赛事知识产权保护的主要对象 / 44
 本章小结 / 47

第二章　体育赛事转播权的知识产权保护 / 49
 第一节　体育赛事转播权的主要内容 / 50
 第二节　体育赛事转播权保护的理论争鸣 / 53
 第三节　体育赛事转播权的侵权与保护 / 68
 本章小结 / 77

第三章 体育赛事品牌知识产权保护 /78
- 第一节 体育赛事品牌保护的界定 /78
- 第二节 体育赛事品牌法律保护的理论争鸣 /87
- 第三节 体育赛事品牌的侵权与保护 /94
- 本章小结 /104

第四章 体育赛事商业秘密知识产权保护 /105
- 第一节 体育赛事商业秘密概述 /105
- 第二节 体育赛事商业秘密的保护对象 /114
- 第三节 体育赛事商业秘密保护的现有问题 /122
- 第四节 体育赛事商业秘密保护的建议 /129
- 本章小结 /133

第五章 体育赛事知识产权保护的反思 /134
- 第一节 体育赛事知识产权保护不足的原因 /134
- 第二节 体育赛事知识产权的立法论建议 /140

第六章 结 论 /145

参考文献 /147
附 录 /155

导　言

一、选题背景

（一）体育赛事对经济发展有极强的促进作用

体育产业已经成为我国经济发展的重要组成部分，体育赛事转播、体育商品销售、体育赛事广告等都可为竞技发展提供动力。其中，体育赛事，尤其是重大体育赛事对经济发展提供的动力不可忽视。奥运会、冬季奥运会、世界杯等重大国际性赛事，各个国家的联赛、各种单项体育杯赛、锦标赛层出不穷，每项赛事都可以给承办的国家或城市带来高额的经济收入，从而拉动经济发展。这其中既包括基础设施的建设，又包括体育赛事本身提供的就业岗位以及外地游客进行的消费。由此可见，体育赛事已经成为多个学科关注的重点，具体涉及体育学、法学、竞技学等多个学科。体育产业对经济有如此的贡献度，其原因之一就是体育赛事中凝结了人类的智慧，这种智慧在法学领域被称为知识产权，故在体育产业对经济发展贡献度不断提高的今天，针对体育赛事知识产权的研究也愈发重要。

（二）体育赛事知识产权受到国家的政策性支持

体育赛事知识产权作为知识产权制度的重要组成部分，正日益引起广泛关注。当前，很多发达国家对体育赛事知识产权实施了保护战略。近年来，我国体育产业发展迅速，发展体育产业已上升为国家战略。2014年国务院印发了《关于加快发展体育产业促进体育消费的若干意见》，把发展体育产业和产品以及相关服务作为重点目标，为我国体育行业未来的发展做出了详细计划：推动产业发展的同时增大体育总产值，积极发展足球、篮球和排球事业，提高公民的全民健身意识，到2025年，体育产业总规模超过5万亿元。国务院办公厅于2016年10月25日颁布的《关于加快发展健身休闲产业的指导意见》提出了对于我国体育健身等相关产业的发展规划：截止到2025年，我国的体育健身和休闲等行业基本形成布局合理、功能完善的发展格局，体育项目的种类更加丰富多彩、市场管理制度不断建立和完善、对体育产业的环境和结构逐渐改善和优化，并促进与其他同类型的产业共同交流和发展，以便为消费者提供更加优质的服务，促进消费者对体育健身和休闲产业的需求，使其产业的总体规模如期达到3万亿元。可见，体育在中国的经济地位得到了质的提升。[1]2015年国务院办公厅印发了《关于新形势下加快知识产权强国建设的若干意见》，这是我国对"十三五"及未来知识产权工作的重大部署，体现了我国对知识产权工作的重视和支持。该文件明确，为了促进新型产业和技术以及新业态的蓬勃发展，积极响应国家发展规划，深化知识产权在重点领域的突破，加大保护力度，支持全民积极创业。文件还提出，到2020年，我国的创新和创业环境将进一步得到优化，并在知识产权的一些关键环节和重要领域取得重大突破，形成具有中国特色和国际竞争力的知识产权新优势，将我国建设成国际化水平的知识产权强国。与此同时还要进一步完善知识产权管理体制。可见，知识产权在我国的地位得到重大提升。知识产权涉及面广、影响力大，全球经济发展中越来越注重对知识产权的保护。体育领域具有其鲜明的独特性，知识产权对该领域的影响力较其他领域更为凸显。[2]

（三）对体育赛事知识产权纠纷解决缺乏专门性法律

体育赛事涉及多方主体，多主体之间难免发生纠纷。其中，涉及知

---

［1］ 张玉超. 我国体育知识产权的基本法律问题研究［J］. 中国体育科技，2014（2）：103-111.

［2］ 张岩晶. 试论我国体育赛事知识产权的保护问题［J］. 体育科技文献通报，2014（6）：117-118.

产权的纠纷已经成为一个重要的组成部分。理论上，体育赛事知识产权纠纷包括体育赛事转播权纠纷、体育赛事商标权纠纷、体育赛事商业秘密纠纷等。虽然我国并未将体育赛事知识产权作为单独的案由予以设定，但在侵权纠纷、合同纠纷等现有案由体系下，涉及以上的体育赛事知识产权纠纷已经非常多。针对此类纠纷，实体法与程序法都缺乏相应的专门化应对措施。在实体法上，传统的合同法、侵权责任法、著作权法、专利法等均只能在涉及具体案件时发生作用，无法从抽象角度提供统一解决体育赛事知识产权问题的方案。在程序法上，针对体育赛事知识产权纠纷缺乏专有程序，只能依附于现有的四级两审制以及刚刚设立的知识产权法院，而由于体育赛事知识产权横跨体育与知识产权两个专业化领域，更增加了对特殊化的审判模式和审判程序的需求。因此，如何选择、寻找适合于我国的体育赛事知识产权实体法与程序法，成为必须回答的问题。

二、选题意义

（一）理论意义

本书的理论意义主要在于分析我国现有体育赛事知识产权的理论观点，厘清体育赛事知识产权保护理论中的若干误区，从理论上对我国体育赛事知识产权保护制度的整体建构思路和内容进行分析和论证。从体育赛事转播权、体育赛事商业秘密、体育赛事品牌等方面总结体育赛事知识产权的特点及其与传统知识产权的不同，试图突破原有的碎片化、片面化、条款化研究，从理论上构建统一的体育赛事知识产权保护体系，丰富我国体育赛事知识产权保护理论，完善体育赛事知识产权保护制度。

（二）实践意义

首先，保护体育赛事知识产权有利于促进体育经济发展。如今体育产业已经全球化，例如奥运会、足球世界杯、世界一级方程式锦标赛（以下简称 F1 赛车）等全球性体育赛事，无不引起全球的关注，这些重大赛事使国与国之间的界限变得越来越模糊,以至于知识产权的地域性并不显著,但现实情况是体育赛事知识产权具有明确的拥有者和国籍,如现代奥林匹克运动无形资产的营销与推广是并行发展的。其次,体育赛事知识产权对社会经济的发展以及对体育赛事本身的规模化、持续化发展有重要意义。我国加入WTO,特别是成功举办2008年北京奥运会后,体育赛事知识产权在促进我国社会经济发展方面成绩斐然。同时,我国体育科学技术的不断进步和发展,推动了体育赛事知识产权保护体制的不断完善,有利于促进我国体育无形资产的开发利用,促使体育产业平稳健康发展。

三、文献综述

(一) 国外体育赛事知识产权研究

传统体育赛事具有临时性,参与人员并不以专业的体育赛事为业,而是具有自己的固定职业,仅在特定时间、特定地点参与某项体育活动,即所谓的业余选手。传统体育赛事运行周期长,其目的主要是对普通生活的补充,兼具娱乐和政治功能。随着我国改革开放及市场经济的进一步发展,体育的经济功能、休闲娱乐功能逐渐成为显功能。[1]在现代体育中,体育赛事已成为资源配置的一个重要途径,相应的,体育赛事所带来的经济效益或经济增值也成为国家经济中的重要一环。

随着全球各个国家经济的迅猛发展,国际一体化的步伐也越来越迅速,到20世纪90年代,以美国、日本和欧盟为首的3个体育行业市场逐渐形成,其产业销量占全球市场的73.8%,其中美国、欧盟和日本分别占35.6%、21.6%和16.6%。2007年《欧盟体育白皮书》显示,体育产业在经济发展中扮演了举足轻重的角色,其生产总值占GDP的3.7%,即4070亿欧元,从事体育事业的相关人员占同年欧洲联盟经济体所有从业人员的

---

[1] 鲁长芬,陈琦.从当代体育价值观的转变透视新时期体育功能[J].体育学刊,2007(3):126-129.

5.4%，为1500万人。经济发展带来的巨大经济效益使各国与体育相关的产业规模迅速扩大，美国、日本成为最大的收益国，截至2008年，其体育产业规模分别达到4411亿美元和1130多亿美元。[1]欧盟、美国的体育事业相比全球各国已经遥遥领先，日本也迅速追赶。在各国体育事业发展的过程中，欧盟、美国、日本以其独特的发展方式和管理模式，在全球体育产业中稳居领先地位。然而，体育赛事知识产权能为体育经济的繁荣发展保驾护航，由此可见，要带动国家经济的稳步发展，必然要提高对体育赛事知识产权的保护。

1976年《美国版权法》明确了职业体育联盟节目的版权法律保护，规定有线电视公司可付费重播比赛，解决了体育联盟、球队以及电视转播机构之间长期存在的矛盾。其他一些国家也非常重视体育赛事知识产权的保护工作，如巴西足球运动的蓬勃发展显然与该国将足球比赛纳入知识产权保护范围分不开；意大利专门为足球这项运动制定了法律；澳大利亚专门制定了悉尼奥运会会标形象保护法。

1981年，内罗毕世界知识产权组织会议通过了《保护奥林匹克会徽内罗毕条约》，这个条约可以被视为世界上最早的体育赛事知识产权保护的专项条约。该条约的核心内容是，奥林匹克会员方有义务拒绝与奥林匹克会徽相关的商标注册，即使进行了注册，该注册也是无效的。会员方还应当采取措施对具有与会徽有关的商业目的的适用予以禁止。

总的来说，绝大多数的发达国家对体育赛事知识产权的保护较为重视，也颁布了相应的法律作为支撑，美国和德国甚至为此出台了专项法规，以促进全社会体育产业的发展。放眼国际，涉及大型综合性体育赛事的知识产权保护，则通过国际条约或惯例实现。

现阶段，国外学者对体育赛事知识产权的研究主要侧重于以下几点。

---

[1] 赵发田. 创意经济时代：民族传统体育发展的新契机[J]. 体育与科学，2011（3）：84-87.

在体育专有技术方面，大多欧美学者肯定了体育赛事知识产权的属性，他们认为这种非物质性的无形资产可以通过价值衡定的方式利用法律进行保护。不过，各国关于专有技术司法救济的立法和司法实践各异。英美法系国家一般倾向于肯定专有技术的所有权属性，而大陆法系国家一般不认可专有技术具有法定的权利。国外有些学者认为专有技术法律属性的确定是获得法律保护的基础，关系到专有技术法律保护的方式和方法。[1]

在民族传统体育非物质文化遗产法律保护方面，德国教授 Reto Hilty 等人认为，对于非物质文化遗产的保护方式，可区别于知识产权有关的法律单独确立，两者的起源是不同的。韩国学者朴荣吉则表示，应当建立和健全新的法律制度来专门保护传统文化，当前的法律已经不能全面系统地保护传统体育文化遗产。

在体育赛事转播权方面，国外对于体育竞赛属性的界定也存在不小的分歧。美国学者 Bernard J. Mulli 等人认为，虽然美国的法律认可体育竞赛的版权属性，但在实际操作中，往往因著作权人的缺失而导致体育竞赛无法得到法律保护。[2]虽然体育竞赛可能无法得到法律的保护，但有些赛事组织还是会通过一些措施来维护自身利益。Wall Anne 针对美国有线体育电视台在维护旗下"极限运动"名称及商标符号方面所做的一系列工作进行了分析，指出应该将体育赛事列入知识产权保护的范畴内，使体育赛事转播权具有一定的法律依据。[3]法国学者 Cardozo 认为应该将体育比赛电视转播权以立法的形式保护起来，可以将其作为体育比赛财产权供第三方参与开发。理论界对于体育竞赛属性的分歧，也影响了各国法律的界定。在法国，斗牛被划入艺术领域，包括体操在内的用身体表现的艺术在版权

---

[1] 钱玉林. 对专有技术法律保护的几点思考 [J]. 法学，1995 (7)：32-34.

[2] Bernard J. Mullin, Stephen Hardy, William A Sutton. Sport Marketing [M]. 2nd Champaign-Urbana：Human Kinetics. 2000：103.

[3] Bernard J. Mullin, Stephen Hardy, William A Sutton. Sport Marketing [M]. 2nd Champaign-Urbana：Human Kinetics. 2000：105.

保护范围之列；在德国，滑冰未被归入运动，而是被当作艺术作品受到法律的保护；在意大利，所有体育比赛似乎都不受版权保护；[1]在巴西，包括足球在内的运动竞赛受知识产权保护，同时运动员在运动竞赛中也享有话语权，并能从比赛收入中获得相应的分配。J. Quirk 分析了欧盟针对欧洲足联打包出售冠军杯转播权所进行的调查，指出冠军杯转播权为欧洲足联带来了巨大的收益，不过高昂的转播费用让一些小媒体望而却步，进而导致电视足球节目减少，用户需要支付的费用上涨。[2]欧盟认定欧洲足联有违竞争法的裁定也给欧洲足联带来了挑战，有可能迫使欧洲足联修正电视转播权的出售方式。

在体育赛事标志权方面，现代奥林匹克运动作为全球盛事吸引了世界各地的目光，奥运五环标志更是世人皆知。Deane Patrick 对奥运五环标志、奥林匹克会徽等体育标志进行了研究，并建议对其以法律法规的形式进行保护。[3]当前，许多国家针对奥林匹克标志的保护制定了专门的法律。《美国奥林匹克与业余体育法》明确规定了美国奥委会拥有包括徽记在内的一切与奥林匹克相关的权利，除了官方标志，美国奥委会还依据《美国商标法》注册了商用标志。加拿大奥委会对奥委会标志的开发作了严格的规定：生产商必须获得奥委会批准同意，并缴纳相应的费用之后，方可使用奥运会标志进行商业开发。土耳其早在1992年就通过了《土耳其奥林匹克法》，这是世界上第一部由国家通过的奥林匹克运动专门法，该法条文中也非常明确地规定了奥林匹克徽记等标志物的商业开发都必须得到政府的批准。澳大利亚作为2000年奥运会的承办国，早在1987年就制定了《澳大利亚奥林匹克标志保护法》，该法将奥运会所有标志都纳入了保护范围。

---

[1] 弗兰克兹·沃尔洛兹. 体育与版权 [J]. 体育文史, 1997 (1): 52-53.

[2] J. Quirk, R. D. Fort. Pay Dirt: The Business of Professional Team Sports [M]. Princeton University Press, 1992: 21.

[3] 秦庆等. 民族传统体育知识产权保护研究 [J]. 运动, 2011 (16): 142-143, 154.

从研究内容上看，国外目前的研究主要集中于保护体育赛事知识产权及与市场经济发展的相互促进关系，大力推动体育赛事知识产权保护对社会经济的正面影响，以及对体育品牌的保护和社会的进步；从研究方法上看，国外学者主要集中在对体育赛事知识产权保护的实证研究和个别案例解剖上，此种研究方法基本上局限于英美法系的案例研究，与我国民法、民事诉讼法等部门法中强调抽象理论的宏观研究视角有所差异；从研究视角上看，国外学者偏向微观领域，如单项体育赛事方面的知识产权保护。

（二）国内体育赛事知识产权研究

1. 对体育赛事知识产权基本理论的研究

知识产权属于一种民事权利，其有效性具有一定的时间限制。例如文学、艺术作品和发明等智力创造，以及商业用途中使用的图像、名称、标志和外观设计等，都可被认为是一种知识产权，能被某一个人或组织所拥有。张厚福认为，体育赛事知识产权的客体包括体育著作权、体育商标权、体育广播电视转播权、民族传统体育项目、奥林匹克运动标志、非专利专有技术、体育未公开信息、与知识产权有关的反不正当竞争方法。[1]项建民则认为保护范围不明确，其产权确定无法跟上体育科学技术迅速发展的需要。[2]在理论总结方面，所谓体育赛事知识产权的保护，是指对体育赛事中涉及的具有竞技价值的智慧成果进行的保护。也就是说，体育赛事知识产权保护旨在对体育赛事举行过程中所产生的具有特定经济价值的某些法律权益进行保护。此种智慧成果具有典型的知识产权特征，但由于未以成文法的形式进行确定，故只限于理论研讨。体育知识产权横跨体育法与知识产权法两个领域，在理论上，体育赛事知识产权的保护属于知识产权保护的范围，除具有知识产权保护的一般特点外，也有其特殊之处。

---

[1] 张厚福. 体育赛事知识产权的产生与客体 [A]. 全国体育法制建设研讨会论文集 [C], 2001 (11): 11-18.

[2] 项建民. 知识经济时代的体育知识产权保护 [J]. 体育学刊, 2002 (4): 26-28.

第一，体育赛事知识产权保护具有模糊性，包括概念的模糊性与权利客体的模糊性。理论与实践中均存在争议，并未达成统一。第二，体育赛事知识产权保护具有分散性。在不存在争议的体育赛事知识产权保护客体中，如何对体育赛事知识产权进行保护，有不同的模式。

针对体育赛事知识产权的研究，学界总体上呈现出几个特点。第一，体育赛事知识产权范围模糊化。理论上多使用"体育知识产权"一词，然而，在体育这一概念内涵、外延边界不清的现状下，频繁使用体育知识产权可能造成讨论上的偏颇或逻辑上的混乱。第二，体育赛事知识产权范围简单化。学界在研究体育赛事知识产权时，经常会针对体育赛事转播权进行研究，故而对体育赛事知识产权的研究就简单转化为对转播权的研究。实际上，体育赛事转播权作为体育赛事的一部分，其虽然具有非常重要的意义，但并不能支撑整个体育赛事知识产权理论或体育知识产权理论，若继续坚持此种研究导向，则无法抽象出关于体育赛事知识产权的专门化、普遍性理论，从而也难以涵摄其他体育赛事知识产权类型，进而减损理论研究的意义。第三，体育赛事知识产权研究碎片化、条块化。除了第二点提到的体育赛事知识产权研究简单化外，理论上很少将体育赛事转播权、体育赛事品牌、体育赛事商业秘密放在同一层次加以讨论。此研究现状一方面是没有将体育赛事知识产权作为抽象性理论进行认识，体育赛事知识产权的内容长期依附于知识产权法以及其他民商事法律中；另一方面则是因为体育赛事知识产权还处于发展之中，对体育赛事转播权、体育赛事品牌、体育赛事商业秘密等重要的体育赛事知识产权内容缺乏深入研究，进而无法给体育赛事知识产权的抽象化提供基础。第四，体育赛事知识产权的理论引进依附于比较法的内容。体育或曰体育赛事，是一个社会现象，对其进行的评价也不相同。当此问题被不同的法系所评价时，就产生了不同法律规范以及法律体系，也延伸出不同的学术理论。我国在研究相应的问题时，难免要学习、引用国外的理论，然而，不同的理论总是建立在一个国家特有的社会制度以及法律制度基础上的,受到一个国家或地区整体法律体系的影响。从这一角度来看,单纯引进比较法的内容作为我国的理论和规范的基础并不具有完全的科学性。故在我国现有法律制度、法律规范的基础上研究相应问题具有更重要的意义。

2. 对体育赛事转播权的研究

(1) 体育赛事转播权的法律性质

当前,出售体育赛事转播权成为一项重要的经济来源。然而,在获得经济来源之余,理论上如何界定体育赛事转播权的性质,是一个重要的学术问题,同时也具有很强的实践意义。学界对该问题展开了充分的讨论,不过目前依然没有对该项权利的法律属性和权利归属问题达成共识。目前,学界对体育赛事转播权的法律性质有两种明显不同的观点。

第一种观点否认体育及体育赛事是著作权法意义上的作品。我国理论界大多数学者对体育竞赛表演的作品属性持否定态度。韦之认为作品必须能够传播文艺或科学思想,这正是它区别于体育竞赛之处。[1]吴汉东则明确指出运动员并不是表演作品的表演者,"表演者是指表演作品的人,而不包括运动员、马戏演员、魔术师等人"。[2]申立也认为,体育竞赛没有艺术独创性,不是文学艺术领域中的作品,而应属于公有领域。[3]熊任翔则明确指出,体育竞赛不符合著作权法中作品的定义,因此它不是作品。[4]

第二种观点则认可体育及体育赛事在著作权法上的意义。例如,张厚福认为运动竞赛表演具有思想性、技艺性和可固定性等特征,是体育的重要智力成果。[5]张杰则认为运动竞赛表演具有独创性和可复制性等特征,

---

[1] 韦之. 著作权法原理 [M]. 北京: 北京大学出版社, 1998: 16.
[2] 吴汉东. 知识产权法 [M]. 北京: 中国政法大学出版社, 2002: 80.
[3] 申立. 体育竞赛与版权保护 [J]. 体育学刊, 2005 (2): 13-16.
[4] 熊任翔. 体育比赛的著作权法律保护问题探析 [J]. 企业家天地, 2005 (6): 84-85.
[5] 张厚福. 论运动竞赛表演的知识产权保护 [J]. 体育科学, 2001 (2): 18-22, 33.

符合著作权法中对作品的定义，理应受法律保护。[1]还有学者认为艺术体操[2]、健美操[3]等体育竞赛符合著作权法的要求，理应纳入保护范围。

在比较法上，无论是大陆法系国家还是英美法系国家，对体育赛事转播权的性质都存在争议。前文提到的这两种观点的差异也影响了学界对体育赛事转播权的认识。有不少学者认为体育赛事转播权是知识产权，胡效芳等学者认为体育赛事转播权属知识产权的范畴，应受《著作权法》保护；[4]于振峰持邻接权观点；[5]张旭霞将其定位为现场控制的权利等；[6]李圣旺通过分析体育赛事转播权设立的经济原因，将体育赛事转播权的法律性质定位于著作权理论中的邻接权。[7]也有学者认为体育赛事转播权不是知识产权，蒋新苗和熊任翔认为体育赛事转播权与表演者权利在性质上完全不同，因此不能认可其邻接权属性。[8]如此二分法的理论得到了不少研究者的认可，王猛在他的硕士学位论文中比较认可这种思路；[9]韩勇在其著作中亦支持此观点。[10]不过也有学者对这种二分法进行了反思，冯春认为以二分法将体育赛事转播权分成直播意义上和字面意义上的两种体育赛事转播权，避免了单一权利属性说的逻辑谬误，但同时片面地割裂了体育赛事转播权在流转过程中发生的属性转换，应当在动态和权利转换视角

---

[1] 张杰.运动竞赛表演中的著作权保护 [J].体育学刊，2001（4）：14-16.

[2] 胡效芳，张杨.论体育技战术创编动作的知识产权保护——以艺术体操项目为例的研究 [J].解放军体育学院学报，2004（4）：68-70.

[3] 陈伟伟，包小林.论健美操著作权的法律保护 [J].嘉应学院学报，2006（2）：122-124.

[4] 胡效芳，张杨.论体育技战术创编动作的知识产权保护——以艺术体操项目为例的研究 [J].解放军体育学院学报，2004（4）：68-70.

[5] 于振峰等.我国职业篮球联赛电视转播权的开发及相关立法问题 [J].体育学刊，2003（5）：14-16.

[6] 张旭霞.浅谈体育比赛转播的法律性质 [J].电视研究，2002（10）：70.

[7] 李圣旺.大型体育赛事转播权的法律性质分析 [J].特区经济，2006（4）：302-303.

[8] 蒋新苗，熊任翔.体育比赛电视转播权与知识产权划界初探 [J].体育学刊，2006（1）：22-25.

[9] 王猛.体育赛事传播权研究 [D].上海：上海交通大学，2007.

[10] 韩勇.体育法的理论与实践 [M].北京：北京体育大学出版社，2009：140.

下正确认识体育赛事转播权的属性，有利于侵权责任的归责。[1]此外，还有学者认为体育赛事转播权实质上是一种民事权利，马骁以奥运会赛事转播权为例，指出《奥林匹克宪章》规定了奥运会电视转播权，国际奥委会享有完全的权利，接受该宪章也应接受转播权事项的约定。[2]有学者认为体育赛事转播权是一种物权，刘强和胡峰认为体育竞赛在市场化运作的条件下作为一种服务产品，其转播权应该是产品权利人的一种收益权。[3]还有学者认为体育赛事转播权是一种商品化权，魏鹏娟认为将体育赛事转播权界定为邻接权缺乏理论基础，它是伴随体育商业化运作出现的，有人身权的属性。[4]马法超在总结他人观点的基础上分析认为，在我国，体育赛事转播权不属于表演者权，但有成为表演者权的可能。[5]他认为体育赛事转播权是参赛运动员、组织者以及俱乐部等共同协调作用的产物，应受法律保护。[6]

(2) 体育赛事转播权的开发

体育赛事广播电视转播权的开发（有偿转让），是体育产业的重要组成部分，也是我国体育理论研究的重要课题。吕明元在20世纪末提出要转变观念，对体育管理体制和竞赛体制进行改革，其中的重要内容就是促进国内体育比赛电视转播权的开发，并强调电视转播的经济效益和社会效益相结合。[7]何慧娴在分析我国体育赛事电视转播权开发实践的基础上，提出要参照国际惯例，结合中国实际积极、稳步地推进。[8]邱大卫提出要进

---

[1] 冯春. 体育赛事转播权二分法之反思 [J]. 法学论坛, 2016 (4): 126-132.

[2] 马骁. 奥运会电视转播权及网络转播权的法律分析 [J]. 电子知识产权, 2003 (4): 46-49.

[3] 刘强, 胡峰. 体育竞赛及其电视转播权的知识产权保护 [J]. 南京体育学院学报（社会科学版）, 2006 (2): 58-62.

[4] 魏鹏娟. 体育赛事电视转播权法律性质探析 [J]. 首都体育学院学报, 2006 (5): 25-26, 37.

[5] 马法超. 体育赛事转播权法律性质研究 [J]. 体育科学, 2008 (1): 66-70, 88.

[6] 马法超. 体育赛事转播权的正当性 [J]. 体育学刊, 2010 (4): 19-23.

[7] 吕明元. 体育赛事电视转播权的开发与思考 [J]. 天津体育学院学报, 1998 (3): 3-5.

[8] 何慧娴. 无争议规则与有争议实践——我国体育赛事广播电视转播权开发的实践与思考 [J]. 体育文化导刊, 2002 (6): 4-10.

一步推进电视转播市场化建设,并指出"中国加入 WTO 之后媒体的适度开放只是时间的早晚问题,而体育电视很可能成为最先的实践者"。[1]王晓东通过对足球世界杯、奥运会、F1赛车三大全球性重大体育赛事电视转播权开发状况的研究,发现这三大赛事的收视规模、收视人群分布范围呈现不同特点:足球世界杯收视规模要稍高于奥运会,但奥运会收视人群分布范围更广,F1赛车的收视规模和收视人群分布范围较小。他认为中央电视台作为三大赛事中国大陆转播权的唯一拥有者,这种垄断性地位还会保持一段时期;并指出随着我国新闻管理机制改革和体育传媒市场的开放,最终将会形成体育媒体争夺此三大赛事转播权的局面。[2]体育赛事转播权的开发与电视媒体对转播权的垄断是一对矛盾,王平远通过分析体育赛事的属性和中国电视媒体的目前状态,依据福利经济学和博弈论建立模型进行深入探讨,认为应该走体育赛事承办方与电视媒体联合的道路。[3]其他学者对我国体育赛事转播权的开发现状与展望、提升策略等相关问题也给予了关注。

3. 关于体育赛事品牌的研究

关于体育赛事品牌,目前学术界并没有统一的界定,有的学者直接谓之以体育标志权。于善旭和马法超认为体育标志是"能够进行市场运营并获得经济效益的,在知名度和规模较大的体育组织和体育活动中以名称、徽记、吉祥物等为表现形式的,反映体育文化特质的专门记号"。[4]他们认为体育赛事品牌内容包括专有使用权、许可使用权、收益权、禁用权。

---

[1] 邱大卫. 体育赛事电视转播权及其市场开发 [J]. 成都体育学院学报,2003 (1):36-38.

[2] 王晓东. 全球性重大体育赛事电视转播权开发状况的解析与思考 [J]. 武汉体育学院学报,2006 (10):19-23.

[3] 王平远. 大型体育赛事电视转播权有效开发探讨——基于福利经济学和博弈论的视角 [J]. 体育科学,2010 (10):23-29.

[4] 于善旭,马法超. 体育标志与体育标志权初探 [J]. 天津体育学院学报,2001 (3):28-32,35.

国务院公布的《特殊标志管理条例》可以适用于对体育标志的管理与保护。刘金利等学者论证了体育标志权人应当对体育标志使用许可产品承担产品责任,但这种责任属于监督责任,应区别于生产者的严格责任,适用过错原则来承担产品责任,并提出体育标志权人如何防范受许可产品带来的产品责任风险的对策。[1]

体育赛事品牌作为一种特殊的无形财产,应如何在法律层面寻找适合它的保护方式是理论上要回答的问题。理论上主要形成了四种具体的观点。第一,商标保护型。此观点主要依据我国《商标法》第48条的规定。[2]第二,商号保护型。商号或曰冠名权的保护是理论界经常提到的,学界比较乐于从保护体育赛事冠名权的企业利益出发展开论述。例如,有学者认为,体育赛事冠名权是职业俱乐部重要的经济收入来源,是一种新型、高效的营销方式。[3]此类论述将赛事的冠名权与体育赛事品牌之间的关系割裂,意图跳过体育赛事品牌而单独论述冠名权的保护及其适用规范。从理论上来看,商号或曰冠名权是指从事商业活动的经营者通过登记并在商业活动中使用以识别自己的标识。第三,特殊标志保护型。有学者认为体育标志是"能够进行市场运营并获得经济效益的,在知名度和规模较大的体育组织和体育活动中以名称、徽记、吉祥物等为表现形式的,反映体育文化特质的专门记号",且其具备"以财产权属性为主的独占权以及由其衍生出来的相应处分权和经济收益",具体权能表现为专有使用权、许可使用权、收益权和禁用权。[4]体育标志属于一种特殊化的标志,其典型特点

---

[1] 刘金利,杨拥军.体育标志权人对体育标志使用许可产品的产品责任[J].天津体育学院学报,2008(4):348-351.

[2]《商标法》第48条规定:"本法所称商标的使用,是指将商标用于商品、商品包装或者容器以及商品交易文书上,或者将商标用于广告宣传、展览以及其他商业活动中,用于识别商品来源的行为。"

[3] 武光前.体育冠名权的法律构成及其经济价值与地位[J].海南广播电视大学学报,2005(3):38-41.

[4] 于善旭,马法超.体育标志与体育标志权初探[J].天津体育学院学报,2001(3):28-32,35.

为客体具有差异性、商事使用间接性两个有别于一般知识产权的特点。[1]第四,商品化权保护型。体育赛事商标是虚拟的形象,通过该形象与特定商品的结合给消费者带来的良好影响,同时是个人或社会组织所拥有的各种形象所关联的人格因素而具备的某些"第二次开发利用"的价值。

由于体育标志的使用会产生相应的利益,因此,在体育标志的开发与运营过程中,不可避免地会发生侵权行为。从侵权的主体来看,侵犯体育标志权或曰体育赛事品牌的主体主要是具有商业利益的企业,其侵权也是因为看重体育标志权或体育赛事品牌背后所具有的巨大经济价值。[2]有学者认为,在体育赛事品牌侵权领域,不能单纯地采用过错责任原则,而应当采用过错责任和过错推定二元归责原则。[3]马法超和于善旭在另一文中进一步探讨了体育标志权的实现方式与侵权救济的相关问题,认为在市场经济条件下,体育标志权的实现必然采取市场交易的方式,同时,针对学术界的有关争论,认为对侵犯体育标志权的法律救济,可视具体情况,分别要求侵权主体在民事、行政以及刑事领域承担责任。[4]赵智岗和马法超在介绍体育标志权与体育有形财产权以及传统的知识产权类型的联系后,指出与体育标志联系最为密切的是商标与商号,与此类似,徽记和吉祥物与著作权客体之一的美术作品、专利中的外观设计更为相似。[5]

4. 对体育赛事商业秘密的研究

体育赛事以竞技为内容,缺少了竞技,体育赛事就沦为表演,不能称其为体育。在体育赛事中,只有展现出运动员最高的竞技水平,方可达到

---

[1] 马法超. 体育相关无形财产权问题研究 [D]. 北京:北京体育大学, 2007.

[2] 陈彬, 胡峰. 论奥林匹克知识产权保护的法律依据 [J]. 体育科学, 2008 (3):79-85.

[3] 黎鸥. 保护奥林匹克意义重大 [J]. 体育工作情况, 2002 (6):2-10.

[4] 马法超, 于善旭. 论体育标志的实现与救济 [J]. 天津体育学院学报, 2002 (3):1-4.

[5] 赵智岗, 马法超. 体育标志权与相关权利的关系研究 [J]. 沈阳体育学院学报, 2009, (4):39-41.

体育赛事举办的效果，也才能吸引更多的观众观看、参与体育赛事。为了在比赛中取得竞技的胜利，参赛队员要不断提高自身的竞技能力，而这不仅需要运动员付出辛苦的努力，还需要教练员和其他科研人员共同的帮助。现阶段，体育赛事已经开始从单纯地比拼天赋转变为科学地提高竞技能力和技战术水平。直观地看，除了直接参赛的运动员外，还有支撑该运动员或参赛队的团队，这些团队包括但不限于教练、训练师、队医、比赛分析师、陪练、营养师等。运动员或参赛队的赛场表现是整个团队共同努力的结果，每个运动员或参赛队都有不同的比赛战术、比赛策略、训练战术、专门菜谱等。在国际体坛，体育间谍已经出现多年，并在历次大型运动会，特别是重点体育项目中进行各种各样的活动，如搜集、刺探竞争对手的训练方法。[1]可以说，现代体育赛事的竞技已经演化为体育团队之间的比拼，而体育团队提供的就是专门的体育技术、体育战术甚至体育技巧。体育技术、体育战术等体育专门性策略是从事体育运动的人员长时间积累、研究的结果，凝结了体育从业者的智慧与劳动，而正是有了这些智慧与劳动，体育竞技水平才能不断地得到提高。正如有学者提到的，对体育训练方法的知识产权进行保护，将减少采取不符合体育道德和商业道德的方法搜集对手训练方法的情况发生，促进运动员和体育科研人员积极开展研发工作，改进训练方法，提高运动成绩，实现"更高、更快、更强"的体育精神。[2]

学界对体育赛事商业秘密的研究基本以体育专有方法为角度切入，将体育赛事中涉及体育的专门性技术问题与知识产权法中的专利权相联系。这种研究路径其实需要一个前提，即体育赛事中涉及的专门性技术例如技战术、训练方法、膳食配方等能够等同于专利法理论中的专利。然而，此前提并不妥当。一方面，体育赛事中的专门性技术以提高竞技水平为目

---

[1] 周在群. 二十世纪体坛背后的秘密——体育间谍，穿梭赛场的神秘客 [J]. 法律与生活, 2001 (2)：72-75.

[2] 胡峰，刘强. 体育训练方法的商业秘密保护 [J]. 武汉体育学院学报, 2006 (3)：6-9.

的，而专利技术更多地强调对社会经济发展做出的贡献。技战术、训练方法等当然有利于运动员或球队在某项赛事中取得更好的成绩，但这并不一定能与经济发展相匹配。另一方面，专利权或曰专利技术有特定的登记方法，以在经过特定的登记方法进行公示之后，该专利技术在国家或地区范围内受到保护。与此不同，体育赛事中的专有性技术并无特定的登记方法，也不需要所谓的公示。在没有通过公示保障授予所谓专利权时，该技术只能被其主体独享，很难进行所谓专利许可，因此也不具有与专利权相类似的权能。因此，现有的理论分析并未准确界定体育赛事中专门性技术的理论性质，若能从体育赛事商业秘密的角度或从单纯的商业秘密的角度对其进行剖析，则可能更加准确。

总之，本书意在从法律角度探求体育赛事知识产权保护的理论与规范，在分析、总结学界现有理论的基础上，以体育赛事知识产权为切入点，思考整体上对体育赛事知识产权的保护以及相关法律规范体系的完善，并分别探析体育赛事知识产权的具体表现形式及保护路径。本书认为，体育赛事知识产权是指权利人在体育竞赛或相关产业经营所涉行业等中，具有经营性标志的新型智力成果，依据法律的规定对其所享有的专有权利的总称，主要表现为体育赛事转播权、体育赛事品牌以及体育赛事商业秘密。在分析体育赛事知识产权各部分内容的基础上，得出体育赛事知识产权保护的一般方式，并针对我国现有的体育赛事知识产权保护法律的完善提出建议。

四、研究方法

(一) 研究的分析方法

1. 理论分析方法

体育赛事知识产权为理论上的概念，故对概念的分析也应当首先从理论本身展开。体育赛事知识产权涉及体育赛事与知识产权两大领域，并以后者为重点。因此在研究时，将对现有知识产权理论以及体育知识产权理论的现有观点进行梳理，试图总结出体育赛事知识产权的基本理论体系，并从此理论体系出发，找到解决或规制体育赛事知识产权侵权的具体方法以及具体可行性规范。

2. 规范分析法

现阶段，体育赛事知识产权虽多为理论上的概念，但在解决体育赛事知识产权纠纷的过程中，针对具体适用的法律规范，仍有讨论的必要和空间。本书通过对与体育赛事知识产权有关的法律规范的理解与解释，例如对《专利法》《著作权法》《商标法》《反不正当竞争法》等进行研究，探寻法律适用过程中具体规范对体育赛事知识产权理论的影响，并将其与理论讨论相结合。

（二）研究的具体方法

1. 文献资料法

文献资料法就是在网上检索和查阅与体育产业及经济有关的国内外文献。在中国学术期刊网络出版总库中国知网，以"知识产权"为关键词进行搜索，共查到文献6万余篇，其中博士学位论文170余篇；以"体育"及"知识产权"为关键词进行搜索，共查到文献100余篇，无相关的博士学位论文。此外，在Science Direct、Web of Science、Google Scholar等外文数据库，以"Intellectual Property""Sport""Movement""Exercise"等作为关键词进行检索，并选取与本书研究内容相关的文献资料进行集中的阅读和分析，找到文献之间的不同并进行对比分析，利用文献资料为本书的研究提供科学依据。

2. 专家访谈法

通过出国访学、参加国内外相关学术会议、走访相关行政管理部门、拜访高校专家等方式，对国内外体育领域与知识产权领域研究理论和从事实务的28名专家以及社会各界人士进行了访谈，为本书累积体育赛事知识产权保护相关问题的现实材料。访谈提纲及主要专家名单见附录1、附录2。

3. 案例法

通过对体育赛事知识产权具体案件的研究，分析司法实践中人民法院对体育赛事知识产权性质的观点，并从具体裁判文书的表达中总结人民法院在认定体育赛事知识产权类型时所考量的因素及其说理过程。同时，通过多个案例的比对，分析并总结案例之间的相同点与不同点，从而为具体的司法认定提供前提和基础。

五、本书创新点

第一，系统地提出了体育赛事知识产权的立法建议，讨论了各种可行性模式之间的优劣，并提出了层次分明的两项立法建议，明确提出了知识产权实体法体系和诉讼法体系的完善建议。

第二，对我国体育赛事知识产权保护存在问题的原因进行了提炼分析，总结了我国体育赛事知识产权理论复杂化的原因，为理论上进一步发展体育赛事知识产权理论提出了建议。

第一章
体育赛事知识产权保护的理论范畴

第一节 体育赛事与知识产权

一、体育赛事的概念

（一）体育与体育赛事

对于体育的概念，学界已经有过充分的讨论，且从不同角度对其进行了界定。[1]从微观角度来看，体育是指人的肢体活动，仅指由人的四肢和躯干等肌群舒缩所调控的身体活动，排除了单纯大脑思考及其连带微动作。[2]而从宏观角度看，体育已经成为一种复杂的社会现象，是人类的智力与体力成果的结合，是人类社会发展到一定阶段的产物。限于篇幅，笔者无法对体育的概念着墨过多，故仅从叙述性的角度对其进行阐释。体育既可以指代一般性的健身活动，又可指代具有竞争性、对抗性的不单纯以健身为目的的活动，包括竞技体育、娱乐体育、大众体育、校园体育、民俗体育等。随着人类物质生活的丰富以及生活质量的提高，一方面，人们通过亲自参与体育活动达到健身目的，另一方面，人们更加渴望欣赏高质量、高竞技的体育来满足自身的精神世界。为了满足人们的这一需求，原

---

[1] 张洪潭. 体育概念研究进展 [J]. 体育与科学，2011（3）：11-19，26.
[2] 张洪潭. 体育的概念、术语、定义之解说立论 [J]. 西安体育学院学报，2006（4）：1-6.

第一章 体育赛事知识产权保护的理论范畴

本简单的体育活动开始复杂化，增加了例如体育教育、体育科学、体育组织等多种现代化的因素。当这些因素不断累积且以规模化的方式出现时，就产生了一个新的名词——体育赛事。

体育赛事是将体育作为内容的人类活动。根据如此抽象的定义并不能了解其全貌，尚需具体分析其特点。首先，体育赛事具有明显的组织性。传统体育对具体的呈现形态没有特殊要求，但体育赛事则有着复杂的规则，这一规则依赖于特定的组织。对体育赛事的组织性而言，小到一个学校的运动会，大到全球性的奥林匹克盛会，体育赛事都是人类组织的成果，并非人类自主结合的产物。学校运动会由体育老师负责，奥运会则由奥委会和具体主办国负责，虽然两者在投入的成本和所欲达成的目标上有所不同，但均不能掩盖体育赛事内在的组织性。本书所指的体育赛事，仅指大型竞技体育赛事层面，小规模的体育赛事如学校、单位内部开展的体育赛事并不在本书的讨论范围之内。其次，体育赛事具有固定性。体育赛事的固定性表现为赛事周期的固定性和赛事规则的固定性。赛事周期的固定性是指每项体育赛事均以不同的时间或期限为周期，且此周期一般是固定的，任意更改周期的体育赛事基本不存在。小到一个学校的运动会、大到奥运会，都有固定的期限，前者一般一年举行一次，后者则以四年为周期。赛事规则的固定性是指赛事的具体内容和竞技规则、竞技方式固定不变。例如参赛队、比赛分组方式、赛程等。比较典型的是美国男子职业篮球联赛，从20世纪70年代开始就施行常规赛与季后赛分立模式，每支球队常规赛比赛场次为82场，并一直延续至今。赛事周期的固定性相对于赛事规则的固定性来说更加稳定，赛事规则可能因某些原因会缓慢地发生变化。例如男子足球世界杯的参赛球队总数经历了12个、16个、24个、32个等多次变化，并在未来仍有变化的可能。最后，体育赛事具有规模性。与普通的体育相比，体育赛事可以在特定的时间、空间内聚集大量的人力、物力以及财力，在这一段时间内，体育赛事不仅是运动员之间的角力,更是体育赛事的组织者及所有参与体育赛事的人所付出劳动的集合。体育赛事开始成为社会有组织化的一项活动,共同欣赏某种特定的体育赛事已经成为人们交往的一种方式,并为越来越多的人所喜爱。而在国家层面,体育赛事已经成为对外交往的一种有效方式,比较典型的是我国的乒乓球外交和排球外交,以及2018年冬奥会上朝鲜和韩国共组参赛队。同时,体育赛事也成为增强国家凝聚力的一种重要途径,如1998年法国夺得足球世界杯冠军,2002年巴西夺得足球世界杯冠军,都大大增加了国家的凝聚力,而2007年伊拉克获得男子足球亚洲杯的冠军,更是增加了当年正在战火中的伊拉克的国家凝聚力。

体育已经成为人与人、国与国之间交往的一种活动,如何在体育活动中良好地安排参与主体之间的关系是当前亟须解决的问题。除去体育赛事本身的规则外,还需要在体育赛事之外创制一定的规则去调整体育赛事与整个社会的关系。在现代国家法治化的过程中,越来越多地从法律层面考量体育赛事就成为体育界及法学界都在关注的问题,本书也试图从这一角度出发对体育赛事中遇到的知识产权问题进行研究。

(二) 现代体育赛事的特点

1. 职业化程度高

(1) 运动员与从业者的职业化

传统体育赛事具有临时性,参与人员并不以专业的体育赛事为业,而是具有固定职业,仅是在特定时间、特定地点参与某项体育活动,即所谓的业余选手。例如在早期的奥运会中,参赛的运动员基本上都是业余的体育爱好者,日常生活中他们都有固定的职业,仅在参加奥运会时才暂停本职工作。相对而言,现代体育的职业化程度非常高,体育职业不仅限于体育运动员,还包括体育医生、体育记者、体育策划等,职业化范围包括赛事的参加者以及组织者、维护者,这些都已经归属于带有"标签"的职业。现代奥运会的参赛选手基本上均是以体育为业,其在两次奥运会的间隙不会从事其他工作，而是坚持周期性训练，并参加各种与之相关的小型体育赛事，例如田径、足球、篮球、羽毛球、乒乓球等。其参与人员也都是全职投入体育赛事，配合、服务于特定的体育赛事，进而呈现高度职业化。

高度职业化的表现之一就是越来越多的未成年人开始成为"职业运动员"。在许多体育赛事中，参加体育赛事的人群已经不再限于成年人，许多职业都将未成年人作为"职业群体"之一。例如职业化强度颇高的男子足球联赛，往往包括了多个未成年人年龄段的联赛，有的未成年人甚至能够直接参加基本由成年人组成的比赛。典型的如阿根廷的梅西，其在17岁时就代表西班牙巴塞罗那队参与了联赛。我国男子足球联赛中也有同样的例子，如现效力于广州恒大队的黄博文早在16岁时就代表北京国安参与了中超联赛。无论是梅西还是黄博文之类的运动员，均从未成年时就以体育赛事作为自己的职业。而在如跳水、体操等对"职业年龄"要求更低的体育运动中，未成年人甚至已经成为参赛运动员的主力军。不可否认，现代生活中非职业化的体育赛事仍旧存在，例如普通的校园运动会、足球赛、各种类型的业余联赛、企事业组织的内部活动等。这些赛事在本质上为参与者的普通娱乐活动，故并不在本书的讨论范围之内。

（2）运行方式职业化

传统体育赛事运行周期长，其目的主要是对普通生活的补充，兼具娱乐功能和政治功能。体育赛事的进行以一定的规则为基础，传统体育赛事也不例外，但传统体育赛事的规则呈现具有灵活性、临时性，体育赛事的组织、运行呈现简单化，很少形成固定的规范或曰组织运行规则。在现代体育赛事中，体育赛事具有严密的组织运行规则，体育赛事的内部组织具有严格的规则，体育赛事的时间、地点、参赛选手、参赛机制、后勤保障、赛事管理等已经形成了严密的规则，此规则具有完全的公开性，成为体育赛事的一部分，并能够通过特定程序和特定主体进行修正。在传统体育赛事中，体育赛事的内涵仅包括体育赛事本身，其本质在于"赛事"本身，尤其是能够被外部观众感知的那一部分。而现代体育赛事中，高度的职业化不仅要求体育赛事形成严密的逻辑体系，其在体育赛事之外的一系列附属性活动也展示了体育赛事的独特性，而此独特性必须遵循其特定规则，否则体育赛事的运行可能出现问题。因此，虽然体育赛事项目种类繁多，但形成了一系列超越体育项目的共同制度，例如新闻发布会制度。新闻发布会制度主要指在比赛进行前、进行中与进行后，参赛队接受新闻媒体采访的一种制度。此制度在足球、篮球、乒乓球、羽毛球等多种比赛项目中均有所体现。例如，中超联赛在每场比赛前都有固定的新闻发布会，每队主教练与特定队员均应当接受媒体的采访。美国职业篮球联赛的每场比赛中以及比赛结束后，教练和特定队员必须参加新闻发布会，接受媒体采访。此类规则与体育赛事本身并没有多大联系，即使没有新闻发布会，对比赛的进行也没有太大的影响，但随着职业化程度的提升，体育赛事与外界的交流更加频繁，作为与外界交流的"生存之道"，新闻发布会制度已经成为体育高度职业化的一部分。在具体的新闻发布会制度中，如果某些人员未遵守此规则，则可能被处以某种程度的惩罚。例如在 2015 年切尔西与西汉姆联的比赛中，穆里尼奥因为对当值主裁判不满而拒绝参加赛后新闻发布会，英格兰足总要求穆里尼奥解释为何未出席发布会。又例如电视转播制度。随着现代媒体的兴起，体育赛事的观赏范围已经不再受限于比赛场地与比赛时间，而是可以通过信息技术将比赛传输到不同的空间与时间，随之产生了电视转播和网络转播制度。转播在扩展体育赛事、方便人们收看的同时，也引起了转播权属性质、归属等一系列争议，这一争议也催生了成熟的转播制度。尽管各个国家、各个赛事的转播制度的具体内容不同，但转播制度已成为体育赛事的一个基本特征。此外，高度职业化的运行方式还体现在诸多具体体育赛事制度中，如特定的青年赛事制度、转会制度、抽签制度、申办制度、劳资谈判制度、锦标赛杯赛制度，等等。

2. 市场化程度高

（1）形成了以市场化为导向的竞争机制

随着我国改革开放及市场经济的进一步发展，体育的经济功能、休闲娱乐功能逐渐成为显功能。[1]伴随着市场经济及经济全球化的发展，高度职业化的现代体育赛事走上了市场化道路。一方面，体育的高度职业化使各个国家、各个地区以及各个领域的体育赛事呈现出明显的区别，在此区别下，如何得到普通民众的认同成为各个体育赛事必须考虑的问题。传统的、简单化的体育赛事已经不能满足人民日益增长的体育文化需求，而临时性、业余性的赛事组织又无法匹配社会分工日益专业化的现实，如此将现代体育推上了市场化的进程。另一方面，高度的职业化要求必须给体育赛事的从业人员提供必要的经济收入，在这一基本动力的驱使下，如何不断提高体育赛事经济效益以及单个个体的经济收入成为不同体育赛事之间以及体育赛事内部均要考量的问题。当经济收入被纳入市场经济体系中的按劳分配时，现代体育就与市场化道路紧密结合在一起。基于此两点，在市场经济成为全球资源配置的主要手段后，体育赛事也成功地走上了市场化道路。体育赛事市场化后，资本对体育赛事的影响逐渐增大，按照资本逐利的基本原则，越来越多的资本被投入到体育赛事中，并且是被投入到利润最丰厚的赛事中，以获得更大的利润。例如2003年起，俄罗斯石油富商阿布拉莫维奇对英格兰足球超级联赛切尔西球队投入大量资金，并在几年的时间内"购入"多名顶级足球运动员，使切尔西俱乐部一跃成为世界豪门，切尔西球队的经济价值也成倍地攀升，而且切尔西俱乐部所加入的英格兰足球超级联赛，是世界上获利最丰厚的足球联赛。无独有偶，恒大地产入主原广州太阳神队之后，斥巨资打造了豪华阵容，成功地获得了中

---

[1] 鲁长芬，陈琦. 从当代体育价值观的转变透视新时期体育功能 [J]. 体育学刊，2007 (3)：126-129.

超联赛的冠军以及亚洲冠军联赛的冠军,球队本身带来的收入也大幅度增加。同样的例子还发生在英格兰曼城队、德国莱比锡红牛队等球队身上。同样的,以某项体育赛事的整体性而言,其也呈现明显的市场化特征。例如奥运会,其在萨马兰奇任职奥委会主席之后方才开始市场化的道路。自1984年奥运会起,奥运会开始走上市场化道路。这拯救了原本并不景气的奥运会,并实现了奥运会的多年繁荣,承办奥运会的国家及城市可以获得丰厚的经济收入,成为其经济增长点的一部分。

我国体育产业发展起步晚,但我国已经意识到体育赛事所蕴含的巨大经济潜力。现阶段,我国体育赛事市场化呈现较为明显的行政化特点。由于我国长期施行行政化的体育管理模式,体育专业类协会多带有行政级别。以2008年北京奥运会组委会、中国足协为例,两者的组成人员包含了大量的行政人员,尤其是国家奥委会与国家体育总局,基本上属于两块牌子、一套人马,其功能和职责几乎重合。在此浓厚的行政化色彩影响下,许多方面都未能按照市场化的规范运作,比较明显的就是在体育赛事电视转播权问题上没有走上完全的市场化道路。但是,随着我国体育产业的进一步发展,行政力量已经开始进一步减弱,通过市场化规则与法律规范替代行政性控制或行政性规制解决其中的具体问题的需求就越来越强烈。

(2)体育赛事促进经济发展

现代体育赛事已经成为资源配置的一个重要途径,相应的,体育赛事所带来的经济效益或经济增值成为国家经济增长的重要一环。例如体育产业最为发达的美国培育出了国家橄榄球联盟、国家棒球职业联盟、职业篮球联赛和国家冰球联盟,可以说四大联盟代表了各自领域的最高水平。美国体育产业的年产值为2300亿美元,是汽车制造业总收入的两倍;而我国仅占0.6%左右。又如体育转播及体育赞助领域,在2016—2020年中超联赛媒体合作竞买中,我国的体奥动力以80亿元的价格成为其合作伙伴;在2016—2019年三个赛季中国香港地区英超转播权的竞买中,乐视花费了数亿美元；腾讯花费 31 亿元与 NBA 达成 5 年的合作。以上几点都成为我国经济发展的重要增长点。[1]体育产业是典型的阳光产业、环保产业，这在全世界范围内已经形成了共识，其主要有两方面明显的优势。一方面，除去参赛的运动员之外，体育赛事可以提供大量的就业岗位，缓解就业压力。[2]体育赛事的策划、组织、运行有着极强的人力需求，其岗位需求包含媒体、法律、策划、人力资源等多种类型，而每个参赛运动员或参赛队背后都有负责宣传、保健、财务等专业团队，这又增加了大量的就业岗位。面对现代国家经济动力不足、失业率居高不下的现状，在整个世界范围内，各国政府都愈加重视并推动体育赛事的发展。例如，2014 年 10 月国务院印发了《关于加快发展体育产业促进体育消费的若干意见》，第一次从产业角度出发，把发展体育产业和产品以及相关服务作为重点目标，为我国体育行业未来的发展做出了详细计划：推动产业发展的同时，增大体育总产值，积极发展足球、篮球和排球事业，提高公民的全民健身意识，到 2025 年，体育产业总规模超过 5 万亿元。[3]就业岗位的增加为劳动产出提供了途径，闲置劳动力有机会转化成经济产值，从而增加整个国家的 GDP 总量。另一方面，体育赛事既有利于国民健康水平的提高，又有利于拉动整体消费水平。现代体育赛事发展的过程中，人们除在直接观赏或观看体育赛事过程中进行消费外，还会消费大量的体育赛事随附产品，这也成为体育产业繁荣的又一增长点。例如，大型体育盛会都会伴随纪念品发售，且纪念品的种类、样式、价格各异，大如奥运会、亚运会，小如全运会，均不例外。而体育职业联赛的消费产能更是日益繁荣。球星卡、签名球鞋、签名球衣等均成为体育爱好者追捧的产品，有时体育赛事商品

---

[1] 陈洲. 论体育赛事电视转播权的法律保护 [D]. 兰州：兰州大学，2015.

[2] 鲁长芬，陈琦. 从当代体育价值观的转变透视新时期体育功能 [J]. 体育学刊，2007 (3)：126-129.

[3] 国务院. "关于加快发展体育产业促进体育消费的若干意见"，http://www.gov.cn/zhengce/content/2014-10/20/content_ 9152.htm，最后访问时间：2018 年 5 月 10 日.

专卖店的营业额远远超过整个赛事的门票收入，这还不包括通过新媒体所承载的广告收入、会员费等。将体育赛事的经济价值与普通商品的价值叠加，提升了整个体育产业的价值，并从客观上带动了整个制造业的发展。

在越发职业化的体育赛事运行过程中，产生了特定群体应当遵守的特定规范，此类规范既有共性（例如上文提到的新闻发布会制度），又存在跨体育项目、跨地区、跨国家的差异。典型的例子是，中国足球甲A时代的转会摘牌制度及之后中超时期的自由转会制度，这两项足球运动员转会制度与欧洲主流联赛的转会制度存在明显差异。又如中国男子职业篮球联赛的青年队员选拔制度和美国男子职业篮球联赛的摘牌制度也存在明显的不同之处。在全球化日益成熟的今天，各个体育行业之间的交流越加紧密，虽然具体的操作制度趋同化，但并未能抽象出一套统一的运行规则。体育赛事运行过程是人与人之间的交流和组织与组织之间的主流，而交流过程存在潜在冲突的可能，进而可能出现纠纷。如何化解体育赛事中出现的纠纷，是体育赛事组织者、国家乃至整个世界需要解决的问题。在现代国家禁止私力救济而推行公力救济后，就需以特定的方式解决可能产生的纠纷。

从理论上看，笔者认为，共有两种纠纷解决方式。一种纠纷解决方式为授权制。授权制是指由国家授权特定的体育赛事组织者或者专业协会处理特定的体育赛事纠纷。在授权制中，国家通过明示授权或默示授权的方式交出纠纷解决权，特定协会或组织者一般会依章程或特定程序解决相应的纠纷。授权制下的纠纷解决有三个特点。第一，纠纷解决的范围以民商事纠纷为主，但其效力的主观范围受到限制。授权制的初衷是解决体育赛事运作内部产生的纠纷，若与该体育赛事组织、运行的主体之外的主体发生纠纷，授权制就无法发挥作用。从纠纷内容来看，足球运动员与俱乐部之间因合同履行和合同效力问题产生纠纷属于某个特定足协的管辖范围，但若涉及某个俱乐部与某个电视台之间就转播产生的纠纷，足协就无纠纷解决权。而在比较法上，美国作为世界上最大的体育国，其职业体育仲裁制分为内部仲裁和体育联盟外部仲裁。前者解决联盟内部的非商业性、与竞技体育本身相关的纠纷，后者则侧重解决联盟为主体的商业性的纷争，如门票收入、涉及赛事电视转播权收入分配等纠纷。第二，设有特定的纠纷解决机构。特定体育组织协会一般设有专门的纠纷解决组织，其名称多为仲裁委员会、上诉委员会等。例如，国家奥委会设有仲裁委员会，国际田联组织设有国际田联仲裁委员会，中国足协设有中国足协仲裁委员会。特定的仲裁委员会基本都会通过行业协会章程的约定，解决会员之间因联盟内部问题发生的纠纷。第三，纠纷解决具有终局性，排斥了传统的司法最终解决原则。所谓终局性，是指通过特定的纠纷解决机构对某项体育纠纷做出裁决或决定后，任意一方当事人不得再就同一纠纷提交其他机构、组织或国家机关，其他机构、组织或国家机关对此纠纷也无权再做裁决或决定。在现代司法领域，司法最终解决原则是现代法治国家的重要原则，司法也成为维护社会公平正义的最后一道防线。在授权制下，体育赛事纠纷的解决不能诉诸法院，或曰排斥法院，即使诉诸法院，法院也不予受理，组织或协会内部的纠纷解决结果具有终局效力，即终局性。

另一种纠纷解决方式为保留制。保留制是指国家对体育赛事运作过程中产生的纠纷享有最终的解决权。保留制的纠纷解决呈现两个特点。第一，纠纷的解决呈现多元化，呈现纠纷主体寻求多途径解决纠纷的现状。例如，足球运动员与球队因合同履行问题产生争议时，可能在向所在国家足协寻求仲裁的同时也会向法院提起诉讼。第二，仍然保留司法最终解决原则。保留制下，公力救济仍对其管辖范围内的主体产生约束力，即使体育组织内部纠纷处理结果和司法处理结果相互冲突，也应遵循司法最终解决原则。从各国的实践来看，授权制与保留制两者中，前者的应用范围远高于后者，我国体育赛事纠纷实践也基本应用了授权制，但并未完全限制对特定体育纠纷的管辖。

授权制的运行是体育事业自治的体现,可充分体现不同体育赛事的特点,尊重不同体育项目的自主性,属于法理上社会自治的范围。由从事体育专业的人员处理纠纷,也更具有专业性。但是,纠纷主体具有多样性,尽管可从理论上将纠纷的主体限定在某一体育赛事或体育行业内,但却无法克服两点困难。第一,纠纷解决的依据应当符合一个国家的法律规范,否则可能出现法理上所谓的"法外之地",这要求纠纷解决的实体性规范和程序性规范应当受到现有国家规范体系的约束。这对体育赛事内部纠纷解决规范的制定提出了要求。若体育赛事内部纠纷解决规范与现行法相冲突,则必然会对基本的法治化造成冲击。第二,过度细化的体育项目与随之成立的体育协会之间的规范存在明显的差异,如何在统一规范的体系下应对这种差异成为一个国家立法所应当考量的问题。这要求国家对体育或者规范体育赛事所产生的纠纷进行适度性的统一立法。这种规范不仅包括作为裁判或曰解决纠纷的大前提的实体性规范,也包括推进纠纷解决过程的程序性规范。

此外,体育赛事的市场化与经济属性要求建立保障自由、公平竞争的规范。市场化总是以基本的规则为前提,只有在保证交易秩序稳定的前提下,市场化才能顺利展开。体育赛事的市场化虽不能与市场经济完全等同,但并不妨碍其要求建立等同的规范。而此类规范的特殊性在于,其需要在职业化群体内的运行与体育外领域的交流中产生作用。在体育赛事的市场化过程中,体育不仅局限于比赛选手之间的竞争,而是附加了多重体育外的因素,典型的如球衣背后广告赞助制度和转播权竞买制度。赞助商以及电视台、网站利用体育赛事吸引观众与消费者,增加自身的盈利空间,而赞助商以及电视台、网站之间的投资行为仍归属于市场经济的范畴,故而也必须遵循市场经济法治要求。

二、体育赛事的属性

体育赛事并非一个固定概念,对其界定也多呈现描述性、叙述性的特点。本书意图仅围绕题目从体育赛事的整体性出发进行研究,故首先对体育赛事的属性进行介绍。

(一)体育赛事的财产属性

1. 体育赛事的参与主体和参与外主体均具有财产属性

所谓体育赛事的参与主体,是指参与体育活动的运动员、竞技者、组织和辅助体育赛事的人员。而参与外主体则是指观赏体育赛事的人群,通俗来说即为观众。在传统体育赛事中,体育赛事的参与者大多数为运动员,体育赛事也大多为参与者消遣、娱乐的活动,即使能为观赏者带来视觉、精神和心理上的满足,也无法代替体育赛事的参与者自身从体育赛事中享受到的身心上的愉悦。而现代体育赛事则完成了跨越式发展,体育赛事对参与者与观赏者来说均成了满足主体需要的客体,而当其作为客体呈现时,就已经具有了财产属性。对于参与主体来说,包括赛事的组织者等,体育赛事成为劳动产出的结果;而对于参与外主体来说,体育赛事则成为能够满足其需求的客体。按照现代大陆法系对部门法的划分,以上两个方面均体现了体育赛事的财产属性,并蕴含了现代民商法、知识产权法所要保护的价值。劳动成果也是作为一种价值归属民法、劳动法、知识产权法等多重部门法调整。例如,足球运动员参与每一场比赛,其参赛过程归属于劳动过程,产生了相应的价值,当然受劳动法的保护。又如电视转播方,在转播体育赛事的过程中对体育赛事的全景进行了优化处理,从独特的视角呈现了比赛,在体育赛事的基础上投入了相应的劳动,这种包含了创造性的智慧成果也受知识产权法的调整。再如,作为体育赛事的赞助商和冠名商等,在体育赛事进行的过程中,有权展示其广告,并将其作为体育赛事的部分之一,这又属于民法典的调整范围。

2. 信息化的体育赛事也是财产属性的一部分

通过现代化信息手段对体育赛事进行加工,从而形成了"信息化"的体育赛事。信息化的体育赛事仅是现代体育的产物,是现代信息处理及传输技术对传统体育赛事的加工,在传统体育赛事中增加了以信息处理和传输技术为内容的特定劳动价值。信息革命以来,体育赛事的服务对象已经不再局限于现场观众,而是通过新型媒体被传播到不同的空间与时间中。在信息化对体育赛事加工的过程中,体育赛事本身被作为原始素材不断地进行修改,不断地被注入加工者自身的智慧成果,这种智慧成果已经可以与一定的经济属性相对应,故也成为体育赛事财产属性的一部分。

(二)体育赛事的人身属性

1. 体育赛事的人身属性的概念

体育赛事的人身属性是指体育赛事的参与者对整个体育赛事所享有的基于特定人的劳动不可替代的属性。体育竞技者的竞技活动具有个体性,每位体育竞技者的竞技都呈现差异,体育赛事即因人身属性的存在而具有特定性,并与特定的时空相联系,呈现参赛人员的特定行为,从而具有一定的人身性。一项体育赛事一旦剥离人的因素就不能称之为体育赛事。体育赛事也正因其具有内在的人身属性才能持续地受到人们的关注,为人们所熟知。与歌唱、演艺等艺术形式类似,每个体育赛事都是参赛人员的创造性成果,一经结束就不可复制,即使同样的人员将比赛重新进行一次,也与前一次的比赛完全不同。而此种不同,从法学理论上来看,只能归于人身属性。

2. 体育赛事的人身属性存在于体育赛事加工过程中

体育赛事在通过现代化的信息处理及传输技术加工后,呈现与原始体育赛事不同的特点。加工后呈现的体育赛事与掌握并具体操作信息处理及传输技术的主体密不可分,这不仅增加了体育赛事整体的财产价值,也增加了体育赛事对于特定的主体的人身性。此种人身性又不拘泥于传统的自然人，虽然也有单人加工的情形，但基本不可能再专属于某个单独个体。一般来说，是以团体为单位，在互相协作下对体育赛事进行加工。这就使得原始体育赛事经过某些团体的加工之后发生升级，而具体参与这一过程的主体可以是某家公司、某个法人、某个合伙组织等。例如，体育电视台对体育赛事进行了加工，加工后的体育节目不仅能体现体育赛事参与者的人身属性，而且能体现体育赛事加工者的人身属性。

在原始人身属性和后天人身属性结合后，体育赛事的人身属性进一步增强，体育赛事兼具财产属性与双重人身属性的特点也增加了从法律层面对其进行规制的难度。对此，若要从整体上规制体育赛事运行过程中产生的纠纷，则必然要寻找调整财产属性和人身属性的规范。从大陆法系的成文法体系来看，兼具规范财产属性和人身属性的法律中，若将体育赛事作为抽象性上位概念，则以知识产权法的角度对其进行规范最为贴切，从而也引出本书讨论的主题，即从知识产权的角度对体育赛事中的重点问题进行规范，从而找到适合现阶段体育赛事相关纠纷的预防、解决机制，并努力将其与我国现行法律体系相结合。

三、体育赛事的法律规范体系

体育赛事的健康运行离不开法律规范的调整，根据其内容，可将法律规范划分为实体法规范与程序法规范。其中，前者旨在形成良好的体育赛事运作规则，并为可能产生的体育赛事纠纷提供纠纷解决的大前提；后者旨在为体育赛事纠纷的解决提供合理的方式、方法以及途径。

（一）体育赛事规范的实体法体系

体育赛事规范的实体法体系意在调整体育赛事过程中所产生的权利义务关系。从法理学的角度看，调整体育赛事的实体法规范甚多，涵盖了大陆法系典型的合同法、物权法、知识产权法、侵权责任法等，而本书研究的体育赛事知识产权就属于体育赛事规范的实体法体系内容之一。体育赛事规范的实体法体系以调整体育赛事中涉及的具体民商事行为为主。在财产属性与人身属性双重要求下，体育赛事规范的实体法体系当然也应兼具调整二者的能力。而从现有研究及立法设定来看，体育赛事规范的实体法体系远处于欠发达状态。在理论研究方面，以往的研究基本采用附带式研究方法，即在研究特定部门法时，对涉及的部分体育赛事的行为或案例进行研究，处于典型的分散化状态。例如有学者在研究民法总则时，对体育赛事的转播权进行研究，试图通过民法总则的涵摄来解决体育赛事转播权的纷争。有学者在研究侵权责任法时对体育赛事问题进行了研究，试图通过侵权责任法的具体适用来规范体育赛事中可能存在的侵权问题。在这种思路下，寻求现有法律规范的解释无疑是对法律解释学的应用，也是对现行立法的尊重，在实践方面有着重要意义。但此种研究方法可能存在两个问题。第一，适用部门法的过程并非可以完全符合法律解释学的解释规范，极易造成扩大解释、类推解释，从而走上为了解释而解释的道路，进而影响实体正义。这种研究方法使规范在涵摄过程中极易出现片面化的情况，进而破坏法律适用的整体性。例如，在如何理解体育赛事转播权的研究中，现有研究均试图将转播权与现存的某种知识产权相对应，进而通过类推适用的方式处理转播权纠纷。然而，若是转换思路，将转播权作为一种独立的、特殊化的权利，则以上观点就尚待商榷。第二，此种研究方法使研究结论过于保守，不但未针对体育赛事进行统一的、特殊化的研究，而且有降低经国家层面统一解决体育赛事纠纷的可能性。而鉴于我国纷繁复杂的体育赛事纠纷以及并不统一的诉讼裁判尺度，极易造成司法裁判之间的冲突，从而影响整个国家的法治化水平。在不断追求体系化的法典编纂中，此种研究进路有利于传统法典的编纂，并可为法典的编纂创造有利的环境，但可能在适用具体体育赛事纠纷时出现不适应性。因此，仅依靠现行法律的简单涵摄无法彻底解决体育赛事中出现的纠纷，寻求针对体育赛事的单独性立法是一个解决问题的思路。

(二) 体育赛事规范的程序法体系

体育赛事规范的程序法体系是指在体育赛事纠纷中，适用专门的纠纷解决规范。在我国乃至典型的大陆法系国家，纠纷解决一般呈现私力救济、社会救济以及公力救济三个层次。私力救济以和解、私人间调解为主要方式，可以普遍地适用于各种民商事案件，体育赛事纠纷也不例外。社会救济主要包括仲裁和特定组织的调解，公力救济主要指通过法院解决纠纷的方式，二者均可以适用体育赛事纠纷。但作为体育赛事规范的程序法体系，其内容远远超过以上三种救济方式。比较典型的是，在国际范围内耳熟能详的国际奥委会下属的国际体育仲裁法庭、世界反兴奋剂机构等专门处理体育赛事纠纷的程序，以及国内各个体育赛事组织或专门性协会各自形成自成一体的纠纷解决的程序，比较典型的有中国足协仲裁委员会处理足协会员中产生的纠纷的程序等。程序正义是看得见的正义，其不但具有程序内部的意义，更有利于实现实体法正义或曰实质正义，只有在同时满足实体正义和程序正义时，才能得到最理想的纠纷解决结果。按照罗尔斯的描述，程序正义分为多个不同层面，而作为程序最为严格的司法诉讼，其归属为实质的程序正义。在授权制下，专门体育协会下属的纠纷解决程序虽然也遵循了基本的当事人平等、程序参与等原则，但其程序的严密性无法与司法诉讼相比拟。因此，在纠纷解决中，纠纷的双方可能因程序瑕疵而对纠纷解决的结果心怀不满。例如，在2014年中超联赛球队青岛中能队与其队员刘健的合同纠纷中，中国足协仲裁委员会做出的裁决就因为其程序不规范而受到质疑，并引发了长时间的网上争论。足协的仲裁程序究竟符不符合规范，是否能够给参与仲裁的当事人提供基本的程序保障引发了争议。因此，当我们试图从法律层面来考量体育赛事的纠纷解决时，会不可避免地涉及普遍性的司法诉讼和专门性的特殊程序体系，这给研究体育赛事知识产权保护问题提供了一个思路，即在针对体育赛事法律规范进行研究时，是否可通过设定特殊的程序法救济规范来处理体育赛事纠纷，从而满足体育赛事本身的特殊性。此种研究思路并非要完全以司法诉讼取代现存的专门性体育赛事纠纷解决机制，而是要尽可能地将基本程序理念或程序规范注入体育赛事纠纷解决机制中，使其能最大限度地满足或实现实质上的正义。

四、体育赛事知识产权保护的界定

在简单了解体育赛事的特点以及体育赛事所涉及的法律规范体系后，将开始进入本书的研究主题。体育赛事的发展在新时代呈现出新的问题，也需要我们提供新的规范。一方面，互联网将整个世界联系起来，减少了信息传播的成本，提高了信息传播的速度，给各行各业带来了颠覆性的发展，这不可避免地影响到体育赛事，给体育赛事本身提供了变革的动力，而作为相对稳定的法律体系，其无法针对经济的发展做出实时更新；另一方面，作为大陆法系国家，成文法的滞后性与现代商业模式、经济模式之间必然存在摩擦和脱节，尤其在体育赛事商业因素不断增加的今天，更需要辅之以相应的法律规范。但是，法律具有稳定性，其稳定性所秉持的可预测性是经济得以发展的一个前提，因此也不能抛开法律的稳定性而对现在的法律体系矫枉过正，过分地迎合体育赛事的发展。正如前文所讲，高度的职业化及市场化增加了体育赛事的财产属性，在与其人身属性结合后，如何保障体育赛事财产属性所带来的经济利益，成为法律规范所必须回答的问题。而在大陆法系财产法与人身法二分的法律体系内，体育赛事中涉及的财产利益纠纷成为体育赛事纠纷的主要方面，其范围从体育赛事场所的建设、体育赛事的直播转播、运动员转会到俱乐部转让、大型体育赛事的申办。涉及范围之广，本书无法做出面面俱到的讨论，故笔者选择了体育赛事中最为典型的也是争议最为强烈的体育赛事知识产权保护，试图通过对体育赛事知识产权具体内容的分析，厘清其在现行法律中的定位，并从理论与实践角度分析体育赛事知识产权具体内容的调整，针对其中存在的问题，提出法律框架内最有利于体育赛事知识产权保护的可行性建议。

（一）知识产权保护体系及其特点

知识产权保护体系是对人类智慧成果进行保护的法律体系，其最初属于传统民法的一部分，后来随着现代科技的发展而逐渐独立出来成为一门单独的部门法。每个国家对知识产权的定义并不相同。例如，日本知识产权包括产业财产权、著作权和其他知识产权三大类，其中每一类又分为多个小类。[1]在我国法律中，知识产权主要包括著作权法、商标法、专利法等部门法以及相关的司法解释。与其他财产权相比，知识产权具有独有的特征。第一，专有性，即知识产权是一种垄断权或独占权。具体表现在享有主体受到严格的法律保护，未经该权利人许可任何人不得使用该知识产权；同时，不允许有两个或两个以上同一属性的知识产权并存。前一点比较好理解，后一点则突出了知识产权作为智慧成果的独特性。第二，地域性，即知识产权作用的空间效力受地域限制，且一般以本国境内为限，这与一般财产权的保护有所不同。由于知识产权反映了一国对待智慧成果的态度，且对一个国家科技、经济、文化发展有着重要的作用，因此出于国家利益，对不同的知识产权客体的保护肯定也有巨大的差别。但随着全球化的不断推进，在一个更高层次范围内保护某些共通性知识产权已经成为各国的共识，其主要方式就是签订区域性的或国际性的特定知识产权协定。例如1968年《比荷卢统一商标法》、1977年非洲知识产权组织通过的《班吉协定》以及最具代表性的《马斯特里赫特条约》。第三，时间性，即知识产权既然凝聚了人类智慧的成果，那么这一智慧成果最终也要回归全人类的怀抱。这就使知识产权与普通财产权的无限期保护有了本质的区别。

（二）知识产权的基本概念

知识产权属于抽象型法律概念，是学理上对人类特定智慧创造产生的

---

[1] 李龙.日本知识产权法律制度[M].北京：知识产权出版社，2012：1.

权益的统称,我国台湾地区亦称之为"智慧财产权"。目前使用的"知识产权"这一词实际源于国外,不同国家或地区都有自己相应的、独特的称谓。"知识产权"这个词是在1967年签署了《建立世界知识产权组织公约》之后,世界各国才慢慢使用的。我国于1986年《民法通则》颁布后,亦正式确认了"知识产权"这一称谓。对于知识产权的具体内容,通常以列举法和概括法定义。我国学者对知识产权的定义一般采用概括法,而国际上一般使用列举法。郑成思教授认为,人们通过智力劳动获得成果而享有法律上的权利即为知识产权。刘春田教授认为,通过智力劳动获得成果的人们以及在生产和经营过程中标记的所有人在法律上享受的权利即为知识产权。综合以上研究者的定义,可总结为以下几点:第一,知识产权是一种非物质化的无形智力成果权,是基于知识成果、经营标记或知识信息所产生的权利,此特点与传统民法所强调的物的概念相区别;第二,其权利来源主要发生于智力创造与工商业经营活动,这强调知识产权形成的过程;第三,知识产权依法产生,其产生需由法律认可,并不存在单独或依照约定产生知识产权的可能性。[1]综上所述,本书所讨论的知识产权,是指人们通过智力劳动所获得的一种没有具象化的凝结一定价值性的无形权利,是权利人因在经济、文化、政治以及科学技术等领域创造的智力成果而在法律上享有的一种权利。

1. 专利权

在理论上,专利权是指政府有关部门向专利权人授予的在一定期限内生产、销售或以其他方式使用专利的排他性权利。各个领域中都有与体育相关的知识产权,包括一些体育器材和训练方式等。专利权作为一种无形财产,相比于有形财产有其自身的特点。第一,专有性或称独占性。知识产权的专有性在专利权领域表现得十分明显。专利权享有人对自身的发明和创造专有地享有制造、使用或者销售等权利,其他个人或单位在没有经

---

〔1〕 李圣傅. 学校体育侵权的认识与规避[J]. 体育世界(学术版), 2012 (10): 9-10.

过专利权人允许的情况下不得对专利进行制造、使用或销售等。构成侵权行为的表现为，在未经专利权人许可的情况下，对其专利进行制造、使用和销售等。第二，地域性。一个国家按照自己国家的专利法授予的专利权，该权利只有在该国法律规定的范围内生效。专利权背后蕴含了丰富的竞技利益，故其地域性也十分重要。专利权的效力具有地域的限制，在我国取得的专利权只在我国生效，若在其他国家或地区使用或销售该发明创造，可能不构成侵权行为。专利权的地域性特点提醒我们，有智力成果的单位或个人必须及时地在国内和国外申请专利，不能仅仅局限于国内市场，以便自己的专利成果在国外市场也能获得及时的保护。第三，时间性。专利权享有人对其自身的发明创造所拥有的专有权只在法律规定的时间内有效，期限届满后，专利权人就不再享有相关的权利。因此，超过时间期限后，曾经受法律保护的专利就成了公众共同享有的财富，人们可以无偿地使用。[1]每个国家对于自己国家的专利期限作了规定，对于发明专利，其保护期限自申请日起算起，通常为10年至20年不等；对于外观设计专利和实用新型专利，其保护期限通常为5年至10年不等。在我国，发明专利、实用新型专利和外观设计专利的保护期限从申请日算起，分别为20年、10年和15年。

2. 商标权

在理论上，商标权是指商标主管机关按照法律程序授予商标所有人的一种权利，即"商标专用权"这项权利受国家法律保护。商标的注册人拥有多项权利，以防止自己的注册商标受到侵害，如排他处分权、收益权、使用权和续展权等。商标的作用在于区别不同的产品，并且由不同的要素组成，如字母、图案或文字等。体育赛事知识产权在使用过程中，商标权占据较为主要的位置，其运用相对于其他权利还是比较多的。为了保护体

---

[1] 张岩晶. 试论我国体育知识产权法律保护制度的构建[J]. 贵州体育科技，2012（4）：12-15.

育赛事品牌商标权,各部门都在有关立法上积极努力,不少体育协会也积极参与,如裁判协会、篮球协会等。但是,现行的对于体育赛事品牌的保护方式相对于传统的方式还是有很大不同的。

3. 著作权

理论上,著作权又被称为"版权"(copyright),其最初的概念是版和权,即复制权。由于旧时代经济和技术的限制,印刷术的使用并不普遍,而在现代社会,印刷权利和出版权利即为著作物最重要的权利。著作的种类随着时代的进步和经济的发展也在逐渐增加。《英国安娜法令》是世界上首部开始保护作者著作权利的版权法;法国于1791年颁布了《法国表演权法》,作者的表演权利保护有了法律保障;1793年,法国又颁布了《法国作者权法》,作者的精神权利备受关注。

4. 未披露过的信息专有权

未披露过的信息,理论上亦称之为商业秘密。按照我国《反不正当竞争法》的规定,其是指在社会公众不知悉的情况下,经权利人采取一些秘密方式的具有实用性和经济效益的技术和经营等有关信息。[1]因此未披露过的信息包括两部分,即经营信息和技术信息。例如,管理方法、产销策略等属于经营信息;生产配方、设计图纸和工艺参数等属于技术信息。[2]我国的体育事业在发展的过程中,还有很多未公开的知识产权信息,如一些武术或者体育教练在培养学生的过程中创造的新型技巧或者训练方式,由于其特殊性以及竞争性,但确实属于教练的智力劳动成果,即成为体育产业中未披露过的信息专有权。

在现有知识产权特点的基础上,我国已形成了系统的知识产权保护体系,此体系并不是单一的,亦不是封闭的,而且呈现出鲜明的特点。第一,知识产权的保护范围呈现逐步扩大化的趋势。从著作权到商标权再到

---

[1]《反不正当竞争法》第9条第4款。

[2] 杨家坤,张玉超. 我国民族传统体育文化的知识产权保护研究 [J]. 山东体育学院学报,2012 (6):43-46.

专利权，知识产权的保护范围随着社会经济的发展而不断扩张，被纳入知识产权保护的客体也越来越多。第二，知识产权的保护强度逐渐增强。随着我国从计划经济向市场经济不断转型，对待科学技术的尊重逐渐提高，国家也愈发重视科学技术在国民经济中的地位，故知识产权的保护愈加全面，对知识产权的奖励和保护大幅度提高，侵犯知识产权的损害赔偿也更加严苛。第三，知识产权的保护具有滞后性。尽管知识产权的保护范围和保护强度都在增加，但由于法律本身具有滞后性，以及无法完全及时回应社会中的新型准知识产权问题，从而导致其在保护知识产权方面有所空白。

（三）体育赛事知识产权保护的特点

所谓体育赛事知识产权的保护，是指对体育赛事中涉及具有竞技价值的智慧成果进行的保护。体育赛事的知识产权保护旨在对体育赛事举行过程中所产生的具有特定经济价值的某些法律权益进行保护。此种智慧成果具有典型的知识产权特征，但由于未以成文法的形式进行确定，故只限于理论研讨。体育赛事知识产权横跨体育与法律两个领域，在理论上，体育赛事知识产权的保护属于知识产权保护的范围，其除具有知识产权保护的一般特点外，也呈现特殊之处。第一，体育赛事知识产权保护具有模糊性，即概念的模糊性与权利客体的模糊性，这在理论与实践中均存在争议，并未达成统一。例如，对待体育赛事中的体育训练方法是否属于商业秘密或是否属于专利权就存在争议。合理、高效、科学的体育训练方法有利于运动员增强竞争力，提高比赛成绩，但是，训练方法究竟应属于一般的科学方法还是经过人类智慧加工的专利或者商业秘密呢？若属于一般的科学方法，就没有通过知识产权法予以保护的必要；若属于商业秘密或是特定的专利，则应受知识产权法的调整。而这些争议，与其说是对某种利益或者价值是否应受到保护的争议，实际上已转化成对特定概念是否可以与现实社会相连接的争议。对于这一问题，理论界也是乐于回应的，相关问题的争议也会在下面内容中展开。第二，体育赛事知识产权保护具有分散性。在不存在争议的体育赛事知识产权保护客体中，如何对体育赛事知识产权进行保护，存在不同的模式。在上文提到的授权制和保留制的选择中，只有在保留制中才存在讨论此问题的必要性。在授权制中，对体育赛事纠纷的调整是通过专门协会或者委员会进行的，知识产权的保护亦属于其中的一部分，故不存在模式之争。而在保留制中，对体育赛事知识产权的保护则存在集中化保护和分散保护两种不同的模式。在集中化保护模式中，国家对体育赛事涉及的知识产权设定统一或专门的单行法，所有涉及体育赛事知识产权的纠纷都受此调整，其中包括实体法和程序法。而在分散保护模式中，体育赛事知识产权被细化到现有部门法的具体权利中，通过对体育赛事中涉及权利的具体解释来适用现有的部门法，主要包括专利法、商标法以及著作权法。我国没有集中化的体育赛事立法，更没有所谓的单独的体育赛事知识产权保护法，故属于典型的分散保护模式。此模式节约了创制统一立法时追求体系化的困难及法条过多带来的反复论证成本，但其分散性也给概念上的统一性和相互之间的协调性设置了限制，尤其是将体育赛事或体育作为主题认识或理解某种法律时，部门法之间的鸿沟就会降低分散保护模式本身的效率。下一节将对此问题展开具体分析。

第二节　体育赛事知识产权的集中化保护模式

在集中化保护模式下，对集中化的具体方式又可进行进一步划分，研究具体保护模式的划分有利于进行进一步比较，从而选择最优的体育赛事知识产权保护模式。

一、规范的集中化

规范的集中化是指在统一规定体育赛事知识产权的规范中，同时规定了实体法与程序法的保护模式。与规范的集中化相对应的是规范的分散化，现阶段一般都以规范的分散化为主要方式。一旦发生体育赛事知识产权纠纷，势必要通过一定的途径予以解决，这不仅涉及作为纠纷解决规范的实体法规范，还包括相应的程序法规范。规范的集中化以实体法和程序法相结合为特点，旨在创造一种有别于典型民事诉讼的程序规范，并可以通过特定的程序规范高效地、便利地推进实体规范的设定。从我国现阶段的发展来看，知识产权"三审合一"已成为改革的确定化趋势，设置专门的知识产权法院也早已在全国范围内展开。这一改革不仅打破了原有的"民行刑"分割的状态，减少了程序法内部的衔接环节，更加有利于知识产权审理的专门化与专业化。虽然设置统一的知识产权法院审理知识产权案件仍必须在民事诉讼法的约束下进行，但这一改革确实为知识产权案件程序规范的集中化提供了实践经验。因此，也可以在此基础上建立单行的知识产权程序法。如果建立单行的程序法成为现实，则建立综合知识产权实体与程序的法律法规便具有了可行性。但是，从立法论上看，若要实现规范的集中化，仍需要理论上的铺垫和实践中的进一步探索。在规范的集中化和规范的分散化两种模式中，前者对于体育赛事知识产权规定更加具体、合理，更能凸显知识产权的特殊性，在大力倡导体育产业的背景下极有可能成为立法上的一种选择。

二、类型的集中化

类型的集中化是指将所有知识产权类型集中在同一部法律中予以规定，即将体育赛事中涉及的与传统的专利权、著作权、商标权等权利有关的内容均规定在同一部法律中。类型的集中化是体育赛事知识产权保护在实体法领域中的表现，其当然逻辑结果就是制定单独的体育赛事知识产权保护法。从理论上来看，知识产权的主要内容如专利权、著作权、商标权等在权利生成、权利构成、权利行使上都有很大差别，加上各个权利产生的时间不同,很难将几部分合成到同一部法律中。体育赛事知识产权至少包括了体育专利、体育著作权与体育商标权等多部分内容,但其均将体育赛事或者体育作为其主题,在这一主题下,体育赛事的高度职业化和市场化成为各个部分的黏合剂,加上体育赛事具有超越国家、民族的属性,很容易发生跨国、跨地区的纠纷,类型集中化的体育赛事知识产权保护法无疑有利于加强对外交流,方便世界各国了解、认识中国体育的知识产权保护,进而推动中国体育在法律层面走向世界。

第三节 体育赛事知识产权保护的主要对象

理论上并未对体育赛事知识产权的保护对象进行完整的界定,体育赛事在不断发展中也必将衍生出多种新型保护对象,故对体育赛事知识产权保护对象的研究只能以现阶段学界所讨论的几种类型为主。从理论上看,体育赛事的高度职业化和体育赛事的高度市场化使体育赛事的部分环节积累了大量的经济价值,这种具有较高经济价值的部分往往成为权属争议的焦点,主要包括体育赛事转播权、体育赛事品牌以及体育赛事商业秘密。其中,体育赛事转播权实际上是对体育赛事转播过程产生的节目在结合转播主体后以"权利"的方式予以表达的结果,而体育赛事品牌以及体育赛事商业秘密的表达似乎并未上升为法律用语。从学界现在的研究来看,无论是从体育领域还是从法律领域出发,都没有将"体育赛事转播权""体育赛事品牌"以及"体育赛事商业秘密"作为固定或者单独的概念进行研究和实践,而是将其作为统摄性用语统领诸多具体内容。故在本书的论述中,并不会陷入对概念的甄别与区分中,而是力求在一个合理的范围内表达各概念所指代的内容。

一、体育赛事转播权的保护

根据笔者理解,顾名思义,体育赛事转播权的保护是指法律对体育赛事中利用现代高科技手段加工、传输体育赛事画面时所增加的经济利益进行保护。体育赛事转播已经成为体育赛事不可或缺的一部分。现阶段,基本上所有的大型体育赛事都会进行转播。在转播过程中,原始体育赛事的画面、声音被转播方通过高科技加工、剪辑、组合,并配以特定的音频呈现在观众面前。经过转播方加工的画面与体育赛事的原始画面不同,故转播方对转播的画面本身享有理论上的所谓转播权。体育赛事转播本身蕴含着丰厚的经济价值。据统计,2008年北京奥运会的转播权收入高达17.147亿美元。2010年温哥华冬奥会和2012年伦敦奥运会的电视转播权打包销售,收入更是破纪录地达到了39亿美元。2014年男子足球世界杯的转播权费用突破了25亿美元。英格兰足球超级联赛的转播合同价值已经连续多个赛季高达几亿英镑。[1]此外,转播过程中随附的广告合同也具有极高的经济价值。在如此巨大的经济价值下,催生了如何保护此权利的讨论。对于体育赛事的转播权,理论上有强烈的争议,尤其是关于其概念和性质,学界产生了多种学说,进而产生了不同的保护方式。尽管存在强烈的争议,但不可否认,体育赛事转播权本身已经成为体育赛事知识产权保护的重要内容。笔者在中国知网以"体育赛事转播权"作为关键词进行检索,得到与之相关的检索结果549条,可见,理论上已将其作为重要研究内容,本书也将其列为研究内容之一。

二、体育赛事品牌的保护

体育赛事品牌的保护是指对体育赛事以及体育赛事中的参加者涉及的具有明显区别性的标志、名称进行的保护。体育赛事品牌包括两项内容。其中一项是体育赛事本身。体育赛事项目繁多,每种体育赛事又可分为不同级别、不同赛制,其中一些具有影响力的体育赛事为了保持竞争力、持续性的盈利,就将体育赛事本身作为一种品牌进行推广。比较典型的如奥

---

[1] 常煜. 英格兰足球超级联赛赛事转播权营销研究 [D]. 北京:北京体育大学, 2015.

运会和男子足球世界杯。前者成为全世界最大的体育类综合比赛，每四年举行一次，每次举行都会以奥运会为品牌发布各种产品，从而赢得丰厚的利润。后者是世界第一运动——足球的全球性锦标赛，每四年举行一次，每次举行都以其品牌吸引大量的转播、商业赞助。可以说，像奥运会及男子足球世界杯一样的全球比赛，其品牌已经成为盈利的代名词。品牌背后蕴藏了高额的经济价值，同时也随时可能遭受不同程度的侵权。例如，在2008年北京奥运会举行期间，就有不法商贩兜售自制的奥运会商品牟取不法利益，类似的事情不胜枚举。

另一项是体育赛事的参与者本身所持有或代表的名号、名称等。每个运动员、参赛队都以其名字或名称区别于他人，而一个成功的运动员或成功的比赛队的名字或名称都会深得世人瞩目，这背后就是大量的消费团体，蕴含着极高的经济价值和市场潜力。例如，美国男子职业篮球联赛2017年的球衣销量中，印有金州勇士队的史蒂芬·库里的球衣销售量排名第一，这并不是球衣材质与众不同，也不是金州勇士队对球衣进行了打折促销，而是史蒂芬·库里名字本身所蕴含的经济价值的表现。又如每年夏天，欧洲足球豪门俱乐部都要来我国进行足球表演赛，参与的球队大多数是欧洲顶尖球队，有曼联队、巴塞罗那队等球队，其参加的比赛本身没有任何特殊性，但是其球队名号具有极强的号召力，任何与之有关的广告、见面会、训练甚至运动商品都有着庞大的市场，而此种经济价值或经济潜力均是运动员个人或队伍长期付出、积累的成果，其更需要得到保护，故将此作为本书讨论的另一项重要内容。

三、体育赛事商业秘密的保护

体育赛事商业秘密是指体育产业或体育赛事中，对于比赛或体育赛事的运行有着私密性且可以产生巨大经济价值的信息。体育赛事商业秘密是商业秘密的一种，虽然体育是竞技的过程，但其在市场化的过程中已经被增加了浓厚的商业因素，通过体育赛事创造利润已经不再是禁区。哪里有秘密，哪里就有获得秘密的冲动。而秘密本身就代表着高额的经济价值。对于体育赛事商业秘密而言，其既可能决定了体育赛事的成功，也可能决定了体育赛事的获胜者，背后大多都是对经济利益的追求。现阶段，体育赛事商业秘密，如训练方法、战略战术等已经成为各个参赛选手、参赛队提高自身实力的重要途径，如何保障并促进各项体育竞争良性循环已经成为体育赛事的举办方、各个体育协会甚至国家关注的焦点。在现代体育中，侵犯体育赛事商业秘密从而获得利益的案例层出不穷，如何保障并在多大程度上对体育赛事商业秘密进行保护成为理论研究必须回答的问题，故将此作为本书研究的主要内容之一。

四、其他对象

体育赛事内涵丰富，除以上三部分外还有多种涉及或可能涉及体育赛事知识产权保护的问题，如对体育赛事中非物质文化遗产的保护、对体育赛事中传统文化的保护等。体育赛事是人类的一项基本活动，体育赛事项目层出不穷且不断更新。而随着时间的推进，许多传统体育赛事已经逐渐淡出人们的视线，如何看待并保护此类体育赛事成为实践中的棘手问题。此外，体育赛事中的参赛选手在参与体育赛事之后，是否对体育赛事本身具有某项权利，尤其是对艺术性十分出众的体育项目如艺术体操、花样滑冰等，是否应当尊重其对体育赛事的贡献度，承认其享有某种知识产权。此外，还有许多体育或体育赛事问题都涉及知识产权的保护，但因为篇幅有限，本书只对此节列举的前三个方面的问题进行探讨，其他问题将尽可能在书中简要涉及。

本章小结

体育赛事是指大型的竞技体育比赛。体育赛事知识产权是指权利人在体育竞赛或相关产业经营等中具有经营性标志的新型智力成果，依据法律的规定对其所享有的专有权利的总称。体育赛事知识产权的保护看似为独立的法律概念，其实其可纳入知识产权法律体系当中。但由于体育赛事知识产权的保护对象具有模糊性与分散性，体育赛事转播权、体育赛事品牌以及体育赛事商业秘密等重要组成部分各具特殊化的表现，故不能简单地通过现行知识产权法律对其进行规制。因此，建立单独的体育赛事知识产权保护体系具有紧迫性，而如何在集中化保护与分散化保护之间进行选择也成为立法上需要关注的重点。

第二章
体育赛事转播权的知识产权保护

体育赛事转播在发达国家已经形成了成熟的体系,我国体育转播起步较晚,但近几年得到了迅猛的发展。我国已经意识到体育产业蕴含的经济价值与经济潜力,2015年国务院办公厅颁布了《中国足球改革发展总体方案》。该方案从法律层面上试图对足球赛事进行约束和规范,有效地促进了足球赛事转播权的发展和有序竞争,使新媒体市场在足球领域中有了显著的收益。政策层面的鼓励顺应了市场发展的自然趋势,近几年诸多大型媒体公司也竞相投入到体育赛事转播权的竞争大军中。赛事节目的转播收入、赞助收入等是体育赛事组织者获得收益的主要途径,而其中赛事节目的转播收入应经成为体育产业盈利发展的核心部分,这也迎合了体育赛事不断转向观众消费的变化趋势。而对于受众群体庞大、影响程度深远的重大体育赛事而言,情况更是如此。在体育产业中,体育赛事的版权往往价格不菲,甚至高达数十亿人民币,在重大的经济价值面前,需要有法律的约束和保护,这就需要有一套完善的知识产权立法。1960年罗马奥运会转播权的收入为117.83万美元,到洛杉矶奥运会增长为3.6亿美元,北京奥运会则将近18亿美元。[1]中央电视台在独家转播北京奥运会时,其收视份额达52.19%,广告收入为20亿元。我国相关法律法规或者权威机构一直没有对体育赛事的法律性质进行界定。在实际运营中,媒体记者需要先

---

〔1〕齐朝勇.中美体育赛事电视转播权营销现状比较研究[J].西安体育学院学报,2006(2):31-33.

与赛事组织方签订合同,经赛事组织方同意后,方可进入比赛场地进行拍摄或访问,双方的权利和义务在合同中都有明确的说明。因此,目前赛事组织者和媒体之间是一种合同关系,体育赛事的转播应当用合同法来进行约束和保护。在如此迅猛的发展背景下,体育赛事转播权的知识产权保护已成为体育领域和法律领域共同关注的焦点。令人遗憾的是,目前的法律框架,并无对体育赛事转播权的明文规定,如何维护体育赛事转播过程中的相关知识产权,成为必须面对和解决的问题。从现有理论和实践来看,体育赛事节目在司法实践中也面临着性质不清、裁决各异的窘境,因此有必要对体育赛事转播权进行深入研究。

第一节 体育赛事转播权的主要内容

一、体育赛事转播权的历史演进

体育赛事转播权是理论上的一种新型权利,其产生和发展均经历了一定的过程。最初,大型体育赛事的观赏仅限于直接到场进行观赏,而伴随着新兴媒体传输技术的发展,体育赛事转播已成为民众了解体育赛事的最主要途径。相对于现场观看体育赛事所受到的时间、空间的限制,体育赛事转播给人们提供了太多的便利。体育赛事的转播肇始于 1936 年柏林奥运会,此次转播在开启体育转播浪潮时,并未附加太多的职业性和市场化操作,与本书讨论的现代体育赛事转播有巨大差异。直至 1948 年伦敦奥运会,英国 BBC 向伦敦奥组委提供了部分费用,以此换取了拍摄、转播奥运会的机会,从此打开了有偿转播体育赛事的开端。但是,由于接下来的几届奥运会坚持奥运会的无偿性,故付费进行转播并未有长足发展。直至 1984 年洛杉矶奥运会进行了商业化运作,大大提高了转播费用,从而促使奥运会体育赛事转播真正地被有偿化或商业化。《奥林匹克宣言》已经规定,国际奥委会是体育赛事转播权的权利人。在奥运会的转播获得巨大成功后，其他体育赛事也走上了转播的道路。类似的，国际足联也在自己的章程中规定国际足联享有体育赛事转播权，事实上已经确认将转播作为一种利益。在其他体育赛事中，转播有偿化也在不断地被推进，如著名的英格兰足球超级联赛转播权买卖、美国男子职业篮球联赛转播权买卖等都成为典型案例。到目前为止，每天人们都可通过互联网、有线电视等多种途径观赏包括但不限于世界各地所进行的足球、篮球、田径、网球、乒乓球等各种类型的体育赛事节目。在这一过程中，承载着体育赛事的各种转播画面所涉及的利益在赛事的组织者、具体的转播方之间不断的博弈，从而逐渐产生了能够被法律评价并需要受到法律保护的特定利益，即体育赛事的转播权。

二、体育赛事转播中的权利

体育赛事转播成为现代体育不可或缺的一部分，但是，"转播"作为一个生活用词，无法精确地与法律上的权利概念相对应，"转播"一词也包含了多种内涵。有观点就认为，"转播"在《高级汉语词典》中的解释是"转送并播出"，《现代汉语词典》的解释为"广播、电台、电视台播送别的电台、电视台的节目"，其中并不包括直播的意思，这是由于媒体的约定俗成。此说法有着先天性的缺陷。[1]从理论上来看，一般将体育赛事中转播的权利划分为两类，一类是能够进行体育赛事转播的权利，即所谓的体育赛事转播权，另一类是媒体在进行转播时对所播出的节目所享有的权利。

体育赛事具有独创性，是体育赛事组织者与体育赛事参与者共同创造的成果，赛事的筹划、组织、安排以及具体的进行等都包含了二者的劳动，故观赏体育赛事的人应当对体育赛事组织者和参与者支付一定的报酬。同理，在新兴媒体发达的今天，采用新媒体转播比赛过程与传统媒体一样，也是对体育赛事活动的再现，故体育赛事的组织者和参与者仍有权

---

[1] 王猛. 体育赛事传播权研究[D]. 上海：上海交通大学，2007.

因其赛事被转播而获得报酬。一般而言，体育赛事的参与者事先会与体育赛事的组织者达成某种协定，由体育赛事的组织者统一享有或曰代为享有对体育赛事对外收益的权利，而体育赛事的具体参与者则从体育赛事的组织者处获得收益。从法律关系上来看，体育赛事的组织者与体育赛事的参与者为内部法律关系，而体育赛事的组织者与外部媒体则体现为外部法律关系。我们对第一层次的体育赛事转播权也基本上是以体育赛事的组织者和具体转播方为主进行讨论的。

媒体在进行体育赛事转播时，会对体育赛事进行拍摄、录制，并进行重新编排，附加特定的解说、音效、画面等。无论是实时直播还是制作特定的体育节目，其都是在原始体育赛事基础上创造的不同于原始版本的体育赛事作品。在体育赛事转播中，虽讲求将体育赛事及时、无修改地传输到观众面前，但实际上，媒体在直播时选取的角度、时间以及对赛事的解读都增加了一定的独创性。一般来说，现代体育赛事的实时直播都会采用多机位系统，并通过实时剪辑切换系统对直播画面进行编辑。例如中央电视台在体育赛事直播系统中有34个收录节点和10个播出节点，通过专用集群交换网络组成了一个34路收录15路播出的巨大虚拟服务器，以此保障体育赛事可以迅速呈现在观众面前。[1]而此类系统在运作时，首先需要对体育赛事本身的画面进行收录，整个转播系统的工作是在已经收录的体育赛事的画面基础上进行的再次播放。如此的工作流程，即对现场画面进行收录的过程，已经满足了录音、录像制品的条件。虽然此过程蕴含了复杂的电子通信技术原理，但不可否认的是，法律上可认定此过程已经完成了对体育赛事的再次加工，满足了法律上的要件。

作为组成一般概念下体育赛事转播权的两项内容，对体育赛事进行转播的权利与体育赛事转播过程中的权利都是学界所关注的内容，故下节对二者进行具体的讨论。

---

〔1〕 王继正. 从 CCTV 北京奥运转播看大型体育赛事节目制作 [J]. 影视制作, 2008 (1): 11.

第二节 体育赛事转播权保护的理论争鸣

关于体育赛事转播权性质的观点主要形成了以下几种学说。第一，单一说，该观点认为转播权仅包括体育赛事组织者享有的权利。例如有观点认为，转播权是体育组织将体育竞赛通过电台、电视台或网络等媒体向公众传播并据此获取报酬的权利。[1]有的学者认为此转播权是指体育比赛的主办单位对于比赛进行电视报道的许可及由此带来的价值所拥有的权利。第二，双重说，其与本书上一节的观点相同，认为体育赛事转播权包括两个层面的意义。第一层面是直播意义上的转播权，即体育赛事组织者对媒体转播报道体育赛事享有的许可权，具体又包括获得资金和收益的商品化权；第二层面是字面意义上的转播权，即经过体育赛事组织者的许可，传媒组织获得对于特定体育赛事摄制或是录制而形成的体育赛事音频作品或制品的广播组织权。[2]单一说从体育赛事本身理解体育赛事转播权的性质，对转播权的界定范围较窄，理解也更为简单。相对而言，前者可以看作是转播权的狭义含义，后者则为转播权的广义含义。双重说虽然可最大限度地涵盖"转播"一词的含义，但是在理解的过程中，媒体既可成为转播权第一层面的转播权的相对方，又可成为转播权第二层面内涵中转播权的享有者，如此则可能使转播权的论述复杂化，混淆概念之间的区别。故为了论述的方便，本书将主要针对转播权的狭义含义进行论述。

一、国外体育赛事转播权的理论争鸣

国外对转播权的性质形成了多种理论。其一，赛场准入权说。此学说

---

〔1〕 马法超. 体育赛事转播权法律性质研究［J］. 体育科学，2008（1）：66.
〔2〕 张玉超，李红卫. 我国体育赛事新媒体转播权的法律保护［J］. 体育学刊，2011（4）：71-77.

主张体育赛事转播权是体育赛事场馆的所有权人或管理者所享有的场馆所有权或者占有权的衍生权。[1]此理论认为，之所以存在转播权，是因为媒体必须进入特定的体育场所对体育赛事进行报道，而体育赛事场馆的所有权人对场所享有占有、收益、处分的权能，体育赛事本身就是这一权能的表现；同理，针对体育赛事的转播也是所有权的延伸。这一理论的主张者主要是荷兰的法院和俱乐部。此理论源于荷兰的一个裁判案例。在荷兰，有一家名为NOS的转播机构，有一次该机构转播了一场足球赛，该球赛由荷兰足协组织。在转播该球赛之前，该机构并未获得荷兰足协的同意。转播完成后，荷兰足协认为这家转播机构侵犯了其著作权，向法院提起了诉讼。荷兰最高法院认定，荷兰足协对其举办的赛事并不享有知识产权，但是荷兰足协作为比赛场地所有权人，其可以此为基础拒绝任何主体对体育赛事转播，其中也包括NOS机构。在此案例中，荷兰最高法院认为体育比赛不具有独立的经济价值，荷兰足协之所以享有权利是以物权的存在为前提的，从而确立了赛场准入权说。其二，娱乐服务提供说。该观点认为，体育赛事所提供的服务为娱乐服务，类似于电影、歌剧、话剧等艺术形式。转播这一方式使体育赛事的观众范围迅速扩展，不再受到时间与空间的限制。与此同时，更广范围的观众接受这种娱乐服务时应当向体育赛事的组织者和参与者支付一定的费用。娱乐服务提供说将支付一定的费用与转播权的权能联系在一起。娱乐服务提供说以英国为代表，而作为典型的判例法国家，英国并没有任何一部法律认定体育比赛里面具有财产权。部分学者主张此观点，并认为传统的赛场准入权说不能明确究竟是否应当转让所有权项下的何种权利这一根本性问题。其三，企业权利说。该观点认为，体育赛事是经济活动，故存在一定的经济风险，减损体育赛事组织者经济利益的行为是不被允许的，转播这一行为本身只有在不损害体育赛事

---

[1] 郭玉军，裴洋. 欧洲足球比赛电视转播权转让中的竞争法问题研究 [M] //李双元. 国际法与比较法论丛（第六辑）. 北京：中国方正出版社，2003：350.

内在的经济利益时方为合理，故认为转播为企业的权利。该理论主要流行于意大利。德国联邦最高法院也在个案中认为，赛事组织者拥有转播权，其原因在于承担了经济风险及财产责任，实质上与意大利企业权利说相同。[1]在典型的判例法国家美国，也有相类似的观点。关于此，可追溯至匹兹堡运动公司诉KQV公司案。此案中，KQV为广播公司，转播了一场匹兹堡队的比赛，但此次转播并非在赛场内转播，而是由KQV公司在赛场外进行拍摄。匹兹堡队的对手海盗俱乐部不允许观众对外传播比赛信息，并将转播权另行授权给其他公司。但是，由于KQV公司是在场外进行转播的，海盗俱乐部并未发觉，海盗俱乐部所授权的转播公司获得的观众数量变少，广告收入也降低了。海盗俱乐部授权的其他广播商基于此起诉KQV公司。宾夕法尼亚地方法院在裁判中认为，匹兹堡运动公司对赛事进行了组织工作，并对该棒球比赛场地享有控制权，从而获得了对比赛信息传播的控制权。匹兹堡运动公司授权进行转播的行为恰当。KQV公司的行为使匹兹堡运动公司与其他广播公司的关系受到影响，导致其利润的损失。尽管KQV公司并未进入比赛场地拍摄，但法院认为KQV公司拍摄的行为已使观众产生了好感，在无形中已经增加了自身利益。此案中，美国法院实际认可了享有转播权的公司对转播的排他性权利，而此权利的基础就是比赛组织者已经处分了自己对信息的控制权，此特征与企业权利说基本相符。

以上三种观点均试图解释转播权的性质问题，每种理论的解释方式也都不同。赛场准入权说将转播权限定为物权的附属性权利，此种解释方式可以将转播权纳入传统民法的体系范围内。但若采此解释方式，则转播权似乎应被纳入物权理论讨论。而具体到我国，鲜有涉及从物权法角度对其进行的讨论，限于笔者的知识背景，此处不再展开。娱乐服务提供说虽然

---

[1] 吴萌萌. 论体育赛事转播权的法律保护——以央视国际诉世纪龙信息网络传播权侵权纠纷案为例 [D]. 重庆：西南政法大学，2014.

是对赛场准入权说进行了批判，试图以合同来解释此问题，但这一理论的最大问题在于以特定的经济价值作为此娱乐服务的前提似乎不具有特定性。按此解释，所有可能涉及提供娱乐的活动都有可能产生转播权，故这种解释有明显的普遍化倾向。但从这种解释中我们至少可以发现，体育赛事的组织者或参与者确实对于体育赛事本身有着经济利益，这也与本书第一章所提到的体育赛事市场化相一致。企业权利说试图将体育赛事的组织者作为转播权享有的主体，实际只是在娱乐服务提供说的前提下明确了主体，并进一步提出了"企业"这一概念。此理论并没有太多创新，更多的是对现实状态的一种反映。欧美国家体育产业发达，而在市场化经济中将企业作为体育赛事的组织者并以其命名凸显了其中的经济价值，也遵循了欧美国家重商主义的传统。以企业这种营利性组织作为普遍性理论的代名词有明显的不妥之处，而且"企业"一词也不能反映所有的体育赛事组织者。众所周知，体育协会并非企业，其并不以营利为目的，且每个国家对企业内涵的规定都不相同，若是简单地引入或承认所谓企业权利说，则会造成明显的概念不适用性，进而扭曲其本来的内涵。在这三种理论中，赛场准入权说与企业权利说均是以法院具体裁判为前提的，其理论的产生以特定案件为基础，体现了司法裁判对理论学说的贡献，而娱乐服务提供说则更多在理论层面对此问题进行论述。仅从三者的论证方法来说，赛场准入权说与企业权利说更能体现裁判者对体育赛事转播问题的态度。而作为本就有争议的一种权利，法官的裁判既更符合一国的司法实践，也更符合其已经存在的法律体系。故可以这么认为，赛场准入权说与企业权利说在其各自国家范围之内都具有合理性。但这种合理性并不能完全适用于其他国家，我国在理论上讨论此问题时亦不能简单地承认或反对，而应当将其与我国司法实践的特定因素相结合。

二、国内体育赛事转播权的理论争鸣

理论界对转播权的性质形成了以下几种观点。第一，著作权说。持该观点的学者认为，体育赛事本身符合我国《著作权法》的规定。《著作权法实施条例》第 2 条对作品进行了立法界定。[1]刘宇晖教授认为体育赛事具有竞技性、非表演性、知识性、知识共享性、无体性等特点，这与知识产权客体的特征类似，故可以认为体育赛事属于著作权法中规定的作品，并建议将体育作品作为知识产权的客体之一。[2]第二，邻接权说。该观点认为体育赛事作品并不属于著作权客体，体育赛事是非智力活动，虽然比赛规则具有特定性，但比赛过程与比赛结果均不具有确定性，不应将其认定为作品，而应属表演者权。现代体育追求高竞技水平，高难度动作不断创新，很多高难度的创新动作及团队配合都是专门研发人员的智力成果。有研究还援引法国和日本的著作权法将马戏、杂技、魔术等非作品的表演纳入表演者权的范围，以此作为认定体育赛事转播权的性质为表演者权的依据。第三，合同权利说。该观点以合同法理论为基础，将体育赛事转播权认定为合同项下的权利，其主体则为体育赛事组织者和转播媒体。主张该观点的学者认为，体育赛事的转播都是以签订特定的转播合同为前提的，若不存在特定合同，则所谓转播权也不存在，故体育赛事转播权仅为一般的存于合同双方之间的合同权利。该理论还认为，《奥林匹克宪章》第二章规定了国际奥委会对奥运电视转播的权利。[3]也可以将其理解为国际奥委会与特定国家签订合同，并于合同中明确规定了转播权。还有的学者认为奥运会转播权实质为奥委会通过电视转播权契约，将自身所享有的转播权许可给转播媒体，再展现给公众。[4]第四，无形财产权说。该观点

---

[1]《著作权法实施条例》第 2 条规定："著作权法所称作品，是指文学、艺术和科学领域内具有独创性并能以某种有形形式复制的智力成果。"而体育赛事不属于法律明文规定的作品，所以有的学者便从体育赛事的属性，以及其所具有的特征进行分析。

[2] 刘宇晖. 论体育赛事的可知识产权性 [J]. 知识产权，2015（10）：104.

[3]《奥林匹克宪章》规定为，"奥林匹克运动会完全属于国际奥委会，国际奥委会拥有其中有关的全部权利，特别是（而且没有限制地）涉及该运动会的组织、开发、广播电视和复制的权利"。

[4] 黄世席. 欧盟体育赛事转播权法律问题研究 [J]. 法学评论，2008（6）：77-85.

认为,体育赛事节目并非著作权法意义上的作品,应当为录音录像制品,并应适用广播组织权保护理论。[1]其意思可以解读为,虽然转播权并不符合著作权法中作品的定义,但是其也应受到法律保护,而保护方式就是将体育赛事作为一种商品,并赋予其一定的权利。例如,于善旭认为体育赛事无形资产是通过体育运动实践形成并主要为体育组织所有,以知识形态存在并通过各种体育市场进行运营,能够为其所有者和使用者产生一定经济效益的经济资源。[2]有学者还进一步将此无形财产与物权相等同,认为赛事主办者对其享有的也不是著作权,而只是一般民法上的物权,只不过其作为一种特殊的物权要受到体育法等行政法规的限制。[3]商品化权利理论是一种新型的理论类型。20世纪50年代,英美法系已有判例涉及商品化权。[4]此种权利始于美国的人格权、隐私权等诸多权利,本质是一种无形财产,如果将其认定为简单的民事权利,并通过著作权等民事法律进行保护,其效果就不理想。体育赛事兼具财产属性与人身属性,故体育赛事转播权也兼具两种属性,不能将其作为合同权利的一种,在现阶段无法与具体知识产权客体一一对应的前提下,应当以商品化权利予以保护。体育赛事转播权是体育专业化的产物,在专业化的过程中发展出了商业化,故有学者将其归为商品化权。理论上商品化权不但强调智力投入,还在于刺激消费,故商品化权是超越传统知识产权的一种新型知识产权,亦可称其为知识产权增值权。[5]此外,还有学者认为体育赛事转播权兼具合同权利与知识产权属性,不过其前提为认可体育比赛为作品、运动员或体育组织

---

[1] 王立新.体育赛事转播中的法律问题研究[D].苏州:苏州大学,2016.

[2] 于善旭.体育无形资产的经济分析及我国的经营对策[J].山东体育学院学报,2004(2):6-11.

[3] 刘强,胡峰.体育竞赛及其电视转播权的知识产权保护[J].南京体育学院学报(社会科学版),2006(2):58-62.

[4] 刘红.商品化权及其法律保护[J].知识产权,2003(5):26-29.

[5] 吴汉东.形象的商品化与商品化的形象权[J].法学,2004(10).

为表演者，而此种认定仅是增加了一个电视转播权的保护路径。[1]

在对我国知识产权的客体分析后，笔者认为体育赛事转播权无法直接被纳入保护，不能简单地认为体育赛事转播权与知识产权有天然的鸿沟，而是在社会发展时，理论与现行法没有完全对上脚步。从以上四种观点来看，体育赛事转播权确实存在争议，但每种观点看似正确，却也存在不足之处。著作权说认为，体育赛事符合著作权法对于作品的定义，而通过对《著作权法实施条例》进行基本的文义解释却无法得出转播权所谓的著作权性质，强行适用类推解释破坏了基本的法律解释规则。我国的著作权法中规定的作品并不包含体育赛事，运动员的成绩虽然凝聚着各种运动训练方法、运动性疲劳与恢复等科研成果，但不能因此而获得著作权法意义上的创造性。既然体育赛事必须在既定规则下进行，那就没有了独创性应用的空间。邻接权说与著作权说相同，仍是以现行法的解释作为确定体育赛事转播权的依据，并辅以域外立法例。此观点无法通过文义解释将体育赛事转播权与邻接权相对应，似乎也仅仅应用了类推解释。而其试图利用域外立法理论来解释我国的体育赛事转播权。虽然体育赛事并无国界之分，体育赛事的转播也有相似性，但这无疑已超过了比较法上对基本法律规范功能的比较，犯了简单的"拿来主义"的错误。若依此论述思路，在不同国家使用不同立法例的前提下，应当如何选择我国对转播权的理论立场呢？合同权利说似乎导向了对合同项下具体权利的描述，但合同项下的权利是否可以成为一种理论上的独立权利呢？合同项下权利是对合同双方具体行为的限定，合同的制订也并不是对预先规定的民法上的权利的重述，如果简单以合同项下规定了转播内容而认为体育赛事转播权为合同权利，那么在合同中约定的借贷、买卖、出租、加工承揽、抵押等各式各样的权利都可以被称为合同权利。如此理解的话，民商事生活中只会出现合同权利和非合同权利两种，故此种性质的总结过于简单。无形财产权说极其新

---

[1] 马法超. 体育相关无形财产权问题研究 [D]. 北京：北京体育大学，2007.

颖，正如该观点的主张者所言，纵观知识产权的发展历程就会发现，当社会出现新的技术，原有的法律难以调整时就会创造新的权利进行保护。知识产权法本就是人类社会大发展的产物，其依然保持着开放性的体系。无形财产权说的理论选择仅是为了缓解法规不适用性并满足法律不得禁止裁判两项内容的结果。但是，若是以无形财产权说作为理论解释，不但缺乏权利生成、权利行使、权利消灭等一系列规则，成为理论上的海市蜃楼，而且无法知道具体司法实践中对体育赛事转播所引起的纠纷如何适用。若要以创新权利体系、增加权利内容为目标，则大可将"转播权"作为单独的知识产权客体，并不需要依附于现有的任何理论体系。正如理论上对无形财产权的认识一样，无形财产权的体系中除所有权以外的其他权利都可被称为广义的"无形财产权"，而把广义的无形财产权除去债权，则可以称为狭义的无形财产权。这种过于广阔的理论设定，其意义极为有限。

综上，理论上对体育赛事转播权的性质论述的角度各不相同，无论是从比较法角度直接援引他国立法例还是通过对我国法律进行解释，都未能得出令人满意的结论。究其原因主要有以下三个方面。第一，被现有法律规范所束缚，在无法通过法律解释作为理论支持的情形下，仍旧拘泥于在先的、抽象的法律条文，而相应的结论也并不具备说服力，尤其不能为司法实践所接受。第二，未从体育转播权的本质出发对其进行理论剖析。在已经确定的狭义的体育赛事转播权作用范围内，未对体育赛事转播权的权利设定、权利主体、权利客体以及权利内容进行剖析，而是因循守旧地坚持从理论到理论、从概念到概念的论述，故其所得出的结论仍然是过度理论化而无法自圆其说的。第三，未能深挖根植于我国司法实践中的具体做法。之所以将体育赛事转播权作为研究内容之一，不仅是因为其蕴含丰富的经济价值，更是因为其在实践中引起了大量纠纷，亟需通过司法予以解决。在不能拒绝裁判的前提下，司法裁判对转播权的具体回应恰恰反映了长期从事法律工作的法律工作者对此问题的看法，这在多个具体的案例中有所体现，下文还将进行进一步论述。现阶段，在存在二审、再审、内部考核等多重管理机制下，司法裁判对此问题的解答理应被看作是影响理论取舍的重要一环，即使理论与实践存在天然的差距，也不能完全忽略实践中的具体做法。

三、本书观点

从转播权的研究路径来看，理论上往往采用由性质到效力的研究路径，其特点是在确定性质的前提下对相关内容的效力进行研究，确定性质是基础，分析效力仅为随附性内容。而若采用从效力到性质的研究路径，则是对实践转播过程中所存在的具有法律效力的权利义务等多个方面进行研究，进而再抽象形成对性质的定位。本书采取后一种路径，主要从体育赛事转播权的主体、客体和内容来展开讨论。

（一）体育赛事转播权的主体

体育赛事转播权作为一种权利，必须明确享有该权利的主体。在理论上，关于体育赛事转播权的主体主要有两种观点。第一种观点认为，体育赛事组织者是体育赛事转播权的主体。该观点认为，大型体育赛事中，转播权合同的双方为媒体与体育赛事组织者，体育赛事组织者具体享有许可转播带来的经济利益，故应为转播权的主体。体育比赛通过竞技来吸引消费者，也正是球队间存在的竞争，体育赛事才更加具有观赏价值。另一种观点认为，体育赛事的参与者即运动员也是体育赛事转播权的主体。该观点认为运动员在体育赛事中处于核心地位，观众观看比赛也是以运动员的竞技为前提的，即使体育赛事的组织者对体育赛事付出了辛劳，也不能排他性地成为转播权的主体。

针对这两种观点，我们必须首先厘清体育赛事是在何种条件下能够作为整体呈现在观众和社会面前的。从体育赛事运作的过程来看，体育赛事的呈现是以运动员和组织者的相互配合为前提的，其并不能简单地归因于某一个主体。有观点认为，体育赛事的参与者可以被认定为《著作权法》中所规定的表演者，而表演者本身就享有表演者权。[1]本书支持运动员在体育赛事中付出劳动，但并不认同其就享有相应的表演者权。竞技比赛因结果的不确定性才吸引观众，在此过程中运动员将自己的运动技能完全发挥，其核心便是竞技，即使在像体操、花样游泳之类的艺术类体育节目中，其本身也以竞技为目的，并非所谓的创作作品，故并不能称之为表演者。

如果将体育赛事作为一种财产，那么创造这种财产的主体肯定包括运动员和组织者，故应将运动员和组织者都作为主体。但是，正如公司一样，公司在创造经济价值过程中，其是以独立的法人身份展开活动的，体育赛事组织者与参与者也呈现出类似特征，只不过其内部关系更加复杂。在公司内部，公司股东以及公司聘用的劳动者均从公司处获得报酬，故而其职务行为也只能归属于公司。而在体育赛事内部，情况可以分为以下几种。第一，运动员直接参与某种体育赛事。例如职业台球巡回赛中，中国选手丁俊晖都是以个人名义参与比赛的，此时运动员与体育赛事的组织者之间形成了直接隶属关系。第二，运动员或运动团体直接参与某种体育赛事，而该运动员或运动团体隶属于某个特定的组织，那么该运动员与体育赛事组织者即为间接隶属关系。例如中超联赛中，各个俱乐部均派出球队参加，而上场比赛的运动员或运动团体并不与中超联赛的组织者直接发生联系，而是在隶属于各自俱乐部的前提下，由各自俱乐部与赛事的组织者中超协会产生隶属关系。第三，运动员代表以某个单项的身份参加某种综合性体育赛事。在此情形下，参与赛事的运动员首先隶属于具体的单项协会，而不属于体育赛事的最高组织者。典型的如奥运会中，参赛者并不隶属于国际奥委会，只是与各自单项委员会存在隶属关系。以上三点仅为基本情形下体育赛事参与者与体育赛事组织者之间的关系，限于篇幅，更多

---

[1] 李圣旺. 大型体育赛事转播权的法律性质分析[J]. 特区经济, 2006 (4): 303.

复杂关系不能一一列举。分析此点的关键在于表明体育赛事的参与者与体育赛事的组织者存在复杂的关系，有时可能跨级别存在运动员、运动员的管理者、单项运动协会以及综合性运动协会这一极其复杂的内部关系。此时，从理论上来分析，每一层级的主体均享有转播权，若如此，在许可转播时就必须得到多个主体的允许，而这在实践中是行不通的，也是效率低下的。因此，在承认运动员在体育赛事中付出劳动的同时，我们也应当看到运动员已经从体育赛事中获得了相应的报酬，包括经济利益以及其所得到的名誉、声望以及社会的尊重。[1] 即使认可体育赛事的参与者是转播权的享有主体，也可以从理论上解释其已经将转播权让渡给了体育赛事的组织者，并在让渡过程中从体育赛事组织者处获得相应的经济利益。不管体育赛事组织内部具有多少层级，最终都由体育赛事的组织者享有排他的转播权。

在我国，国家广电总局于2000年下发的《关于加强体育比赛电视报道和转播管理工作的通知》规定，小型体育赛事的转播应该在合理、有序的规则下由各个电视机构竞争购买。该通知规定了中央电视台的地位，其享有国内大型体育运动会的转播权，如奥运会、亚运会等，谈判和购买电视转播权均要与中央电视台进行。虽然该通知不具有法律效力，但其意味着体育赛事转播权获得了官方的认同。故而本书认为，从体育赛事的主体来看，体育赛事的运动员已不能作为转播权的主体，亦不能行使诸如许可转播之类的权利，这一观点也与现有实践相匹配。

（二）体育赛事转播权的客体

在法律上，客体是指法律关系主体的权利和义务所共同指向的对象。体育赛事转播权的客体是体育赛事本身。体育比赛经过组织者安排场地、组织队伍等一系列工作之后才可以进行，运动员则要通过竞技来努力争取

---

[1] 例如美国职业体育各大联盟将下属所有球队的赛事转播权打包统一出售给电视机构，联盟取得收入后再根据一定的比例分配给各球队。这在实际上已经将转播权完全收归于联盟本身。

比赛的胜利，二者缺一不可。针对体育赛事的客体，理论上并没有太多的争议，但本书认为，体育赛事客体的研究忽略了两个重要问题。第一，参赛运动员的个体性与体育赛事的整体性；第二，观众及其他非体育赛事组织者、参与者对体育赛事转播权的影响。所谓参赛运动员的个体性与体育赛事的整体性，是指体育赛事是由参赛运动员共同作用的结果，参赛运动员的竞技活动组成了整个体育赛事，也是体育赛事不可分割的一部分。对于体育赛事而言，如果没有个体运动员的竞技行为，体育赛事也无法以整体面貌面对观众。此处个体性与整体性的关系正好可与哲学中部分与整体的关系相对应。在这种整体性与个体性关系的影响下，体育赛事的转播也必须考虑到二者。一方面，体育赛事不可分割，体育赛事的转播也不可能隔离或拆分部分运动员，否则体育赛事就不完整，还会影响观众对体育赛事的观赏。例如，在羽毛球比赛中，只转播一方队员的画面，而不转播另一方队员，体育赛事根本无从观赏。另一方面，体育赛事只能针对整体进行转播，不能专门针对某个参赛选手或参赛队进行转播。例如，在足球运动中，不能也无法只针对某个球队或某个球员进行转播，其转播行为必定囊括所有参赛队员。之所以提到这一点是因为，在某些特定的赛事中，有的参赛队员或参赛队不想或不希望自己的比赛被转播，在这种情况下，即使某些媒体依据合法途径获得转播的许可，也无法顺利地进行转播活动。而这一问题也与上文所讨论的转播权享有的主体究竟是谁相关联。所谓观众及其他非体育赛事组织者、参与者对体育赛事转播权的影响，是指在体育赛事中现场观看赛事的观众已经成为比赛的一部分，而在媒体进行转播时，也会对部分观众的行为进行转播，此时转播权的客体即体育赛事是否当然包括观看体育赛事的观众呢？从上文对体育赛事主体的分析来看，体育赛事转播权的主体当然不包括现场观众，但当观众成为甚至频繁成为体育赛事的一部分时，媒体是否可以当然地对其进行转播呢？在足球赛事中，大规模的有组织的观众已经成为比赛不可缺少的一部分，其作为消费者，属于享受体育赛事娱乐服务的群体，其观看比赛的娱乐行为也在体育赛事转播的内容之中吗？对此，理论上鲜有涉及。虽然实践中并没有观众对自己观赛过程中被媒体报道而提出异议或因此产生纠纷，但仍有必要从理论上给予一定的理由。本书认为，应当将现场观众作为体育赛事组成的一部分，观众购票进场参与的行为本身已经表示其参与了体育赛事组织者的活动，故其可以成为体育赛事的一部分，当然也可以出现在转播的画面中。

（三）体育赛事转播权的内容

在基本明确体育赛事转播权的主体和客体后，有必要厘清体育赛事转播权的具体内容，亦可称之为具体权能。权利必须有具体的内容，否则不能称之为权利。例如所有权的权能包括占有、使用、收益、处分。转播权的权能在理论上可划分为积极的与消极的两个层面。积极层面的权利内容是指转播权所包括的能给转播权主体提供增益的内容，主要包括两点。第一，体育赛事组织者可决定由自己对体育赛事进行转播，也可以允许或许可其他主体对体育赛事进行转播；第二，体育赛事组织者可允许相关主体通过视听传媒对体育赛事进行新闻报道或发布新闻。消极层面的权利内容是指转播权所包括的限制其他主体对自身转播权进行侵犯的内容。理论上，也可将此消极内容表述为民法的排除效能。任何广播组织、媒体如果不经过体育赛事组织者的同意而对体育赛事进行拍摄和转播，体育赛事组织者都有权阻止。[1]此为排他性。这一层面主要包括限制未经授权者对体育赛事进行转播的行为。学界对转播权的研究更多地集中于其消极权能，并试图通过对消极权能的分析直接找出其权利的性质。吴汉东教授借此认为无形财产应在支配权的范围内讨论。例如有学者认为《奥林匹克宪章》第二章规定的排他性的授予奥委会转播权的内容，表明了奥委会对转播权具有支配性的权利，任何人不得侵犯其权利。这一规定被解读为转播权体

---

[1] 王立新. 体育赛事转播中的法律问题研究 [D]. 苏州：苏州大学，2016.

现了支配性,与本书所指的消极层面的问题相对应。在积极层面与消极层面并行的现状下,积极层面展现了转播权人对不特定多数人行使权能的可能性,而消极层面展现了转播权人限制不特定多数人破坏或侵害其权能的要求。而从法理上来看,在人身权与财产权二分的理论背景下,转播权的权能与财产权的特征更加匹配,在法律仍未明确规定转播权时,转播权无法直接适用任何调整财产权的法律。这样一种基本推理的结果就是,仅从转播权的权能来看,其应当属于财产权的范围,但却无法将其归于现存任何一种财产性权利中。

综上,本书认为体育赛事本身为无形财产,其并不属于传统民法中对权利的分类,不属于也无法归属于物权或合同权利,而是一种基于现代社会发展逐渐被承认且固化了的特定权利。我国体育界也认为,体育无形资产是体育界常用的一个词,来源于体育运动能产生经济价值,却无实体载体。此利益需要保护,但在现有的物权和著作权理论体系中又没有明确的地位。与此相对,资产和财产还有区别,能够进入经营领域的才能够被称为资产,包括体育比赛的网络广播、电视及网络转播权。[1]这也间接肯定了转播权的无形财产权性质。体育赛事转播权在性质上属于无形财产权,但不能以无形财产权理论来简单地认识,而是要构建或发现其本身所具有的内容。欲解构体育赛事转播权,必须了解无形财产权理论。上文已提到过,无形财产权是针对社会发展过程中新型权利无法被现有法律规范评价时所形成的理论。此理论并未提出无形财产权的具体概念,而是采用了部分列举的方式。在日本,学者普遍认为知识产权等同于无形财产权。在法国,无形财产权分为两类:一类是经营垄断权,包括有关智力创造成果的权利和有关区别标记的权利,这属于经典知识产权范畴;另一类为顾客权利,即以顾客为标的的权利。[2]在英美法系国家,则认为其泛指一切具有

---

[1] 马法超. 体育无形财产权探析 [J]. 武汉体育学院学报, 2008 (5): 37.
[2] 尹田. 法国物权法 [M]. 北京: 法律出版社, 1998: 13.

第二章 体育赛事转播权的知识产权保护

财产意义的抽象物，具有开放性的体系。大陆法系对无形财产权的认识是以对应某种特定权利为前提的，体现出大陆法系严谨的概念体系，方便指导司法实践。而由于英美法系以判例法、习惯法为法律渊源，追求抽象性的理论概念而不将其与特定权利相关联，反而有利于司法实践的运作。

袁秀挺博士认为，无形财产权的体系包括但不限于知识产权，除所有权外，其他权利都可被称为广义的"无形财产权"，除去债权后，可称为狭义的无形财产权。[1] 吴汉东教授认为无形财产权的范围包括知识产权、特许经营权、商誉权等经营性资信权。[2] 由此可见，我国理论也试图通过列举来诠释无形财产权的范围。我国作为大陆法系国家，以成文法为主要法律渊源，实践中也要求无形财产权能与特定权利相联系，这成为研究此问题的重要意义。即使在承认体育赛事转播权属于无形财产权这一论断的前提下，空谈无形财产权的理论也无法应对或解决实践中出现的体育赛事转播权的问题。因此，从理论体系的完整性上来看，研究并明确体育赛事转播权的性质值得肯定，但不能限于此问题，而应对体育赛事转播权所引起的具体法律问题进行分析，否则并无任何增益。那么对于转播权问题的研究就存在两个可能的方向：一是构建体育赛事转播权的体系化理论，并对其性质和效力进行抽象性讨论；二是针对体育赛事转播权在实践中遇到的具体问题反思现有的法律体系与具体法律规范，试图在现有体系内寻找最能反映并规范体育赛事转播权的方法。二者无疑都会对于体育赛事转播权的研究与发展有益，但第一方向对于理论研究虽大有裨益，却存在可能脱离现行法的风险，在频繁通过比较法来研究此问题的背景下，尤其无法提出针对司法实践的可操作方法与相关的立法建议。故本书认为，转播权问题的研究应围绕其具体权能行使中所遇到的问题，在解决问题的前提下，方可有回归理论层面的可能。故在第三节中，将围绕体育赛事转播权

---

[1] 袁秀挺. 知识产权在财产权体系中的定位 [J]. 华中科技大学学报（社会科学版），2003（2）：74-79，84.

[2] 吴汉东，胡开忠. 无形财产权制度研究 [M]. 北京：法律出版社，2001：39-211.

消极层面的内容展开,力图提出保护体育赛事转播权的可行性方法。

第三节 体育赛事转播权的侵权与保护

体育赛事转播权两个层次的权能中,第一层次权能的行使存在一般私法环境下,遵循基本的权利自由及意思自治原则,亦不会在此阶段涉及纠纷。第二层次的权能实为被动防御,而被动防御需要依靠一定的力量,这个力量就是国家公权力或公力救济。在第一章所提到的授权制模式下,此被动防御也可能需要特定被授权的组织提供相应的解决纠纷的方式,但由于转播权多涉及体育赛事组织者与媒体之间的纠纷,所以本书并不对此进行讨论。

一、体育赛事转播权侵权的主要类型

(一)直接侵权

在理论上,不可否认的是,直接侵权是指在未获得转播权许可的情况下,行为人对体育赛事进行了直播。直接侵权又被称直播现场的侵权,行为人携带直播工具对体育赛事进行直播。传统体育赛事的直播方式依赖于大型的传媒工具,并需要多人共同配合完成,故直接侵权太过明显,很容易被体育赛事组织者制止,基本不可能发生。[1]然而随着现代科技的发展,电子设备体型逐渐缩小,也更易于携带,愈发微型的电子设备在拍摄过程中甚至没有被发现的可能,故通过小型拍摄设备配合网络传媒的侵权也愈发多见。在使用微型设备拍摄的过程中,转播方以及体育赛事组织者、参与者根本无法察觉,因此对直接侵权行为进行现场制止愈发困难。此时,体育赛事组织者与被许可的转播方的权利受到侵害,尤其在设有独

---

[1] 张志伟.体育赛事转播权的法律保护路径[J].武汉体育学院学报,2013(5):55.

家转播的赛事中，对体育媒体的利益侵害更加严重。[1]

(二) 间接侵权

与直接侵权相对应，间接侵权是指行为人通过盗取媒体、网站或其他享有转播权的主体的转播信号，将体育赛事在自己的媒体终端上进行直播。直接侵权与间接侵权是以具体的侵权手段为标志进行划分的。相对于直接侵权，间接侵权的方式更为常见，其不仅侵犯了体育赛事组织者的转播权，同时也侵犯了从体育赛事组织者处获得转播许可的媒体的权利。在被侵犯的两个主体中，由于体育赛事组织者已将转播权许可给了特定媒体并获得了相应对价，因此，侵权人在其电视频道或网站等媒体终端上播放的赛事画面并不会减损体育赛事组织者的利益，反而有可能因扩大其宣传而增加其利益；而受到许可的媒体本可从获得的转播权中获得丰厚利益，如广告费、观众收视率等，却因间接侵权行为直接受到影响。侵权者则可以极低的转播成本获得被许可媒体对于体育赛事的劳动成果，从而获得不法利益。

综合两种体育赛事转播权的主要侵权类型可以发现，体育赛事转播权的主体为体育赛事的组织者，但在两种类型的侵权中，由于其已从许可转播中获得了一定利益，自身利益受损并不严重，侵权行为反而对获得转播权许可的媒体危害更大。从实践来看，转播权的行使一般都是由体育赛事组织者与媒体签订合同，根据合同的相对性，合同只能约束签订合同的双方，持转播权的媒体不能以合同约束第三人的行为。换言之，媒体获得的合同项下的权利受到侵犯后，只能向合同相对方体育赛事组织者请求赔偿。但是，正是由于合同的存在，体育赛事组织者在收到高额的体育赛事转播权费用后并没有积极弥补被损害方的需求，若进行诉讼，则会出现两

---

[1] 独家转播又称为独家许可，是指在特定的时间、特定的转播区域，美国体育联盟将打包后的体育赛事电视转播权只出售给众多竞价电视机构中的某一家，仅由被授权的该电视机构转播联盟体育赛事，观众只能在该电视机构观看该联盟体育赛事，没有选择的权利。

种情况。第一种情况是请求该侵权者吐出不法利益。从现有的民事诉讼法及民事诉讼法理论来看，吐出不法利益基本限于公益方面的诉讼，且以域外尤其是美国的公益诉讼最为典型，而我国《民事诉讼法》中并没有吐出不法利益的设定。第二种情况是请求该侵权者赔偿被许可转播权的媒体相关利益。这一诉讼模式中，体育赛事组织者是为了被许可转播权的媒体进行诉讼，成立诉讼担当。[1]在诉讼担当中，原告因法律授权或其他主体授权而享有诉讼实施权，可为他人利益提起诉讼，包括法定诉讼担当与任意诉讼担当。体育赛事组织者若直接起诉侵权者，在无法律明确规定的情形下，成立任意诉讼担当。但是，理论上一般禁止任意诉讼担当，这可能直接阻断了体育赛事组织者进行起诉的路径。从实践运作来看，在比较经典的新浪公司诉天盈公司案[2]和央视网诉世纪龙公司侵害信息网络传播权案[3]两个案件中，原告均是以被许可转播权人的身份对侵权人提起诉讼，说明我国司法实践也未采纳任意诉讼担当的模式，而是直接允许被许可媒体进行诉讼。从这一点来看，无论是直接侵权还是间接侵权，被许可媒体都已获得了相应的诉权。依据从效力到性质的研究路径可以发现，此时，转播权尽管以合同的方式出现，但实际上已经成为被许可转播权人的一种绝对性权利，从解释上来看，被许可媒体正是通过合同方式获得了合同范围内绝对的转播权。

二、体育赛事转播权保护的主要路径

（一）著作权保护[4]

在体育赛事转播权无法通过转播权人起诉侵权人的方式予以保护的前

---

[1] 张晓茹.再论诉讼担当——以担当人和被担当人在实体法和程序法上的关系为视角[J].《法学杂志》, 2012 (2): 87-92.

[2] 参见北京知识产权法院 (2015) 京知民终字第1818号民事判决书。

[3] 参见广州市中级人民法院 (2010) 穗中法民三初字第196号民事判决书。

[4] 必须明确一点的是，本书认为此处所谓著作权保护，并不是直接适用《著作权法》，而是在理论上以著作权的方式保护体育赛事转播权。

提下,实践中基本呈现被授权的媒体起诉侵权人的状况,而在这一方式中,体育赛事转播权的保护被转化为对体育赛事转播权下形成的体育赛事节目的著作权的保护。例如比较典型的新浪公司诉天盈公司案中,新浪公司认为天盈公司并未取得授权,侵犯了其中超赛事直播的权利,存在故意的主观恶意。从法律上讲,可认为侵犯了新浪公司享有的与案件有关的体育赛事作品著作权。被告天盈公司认为新浪公司的起诉并无理由,所转播的足球赛事并非著作,不受著作权法保护。在审判过程中,人民法院认定中国足协具有赛事的转播权,并可对其进行授权,而中超公司在获得授权之后也可以进行转授权。朝阳区人民法院在裁判中认为,新浪公司对比赛的转播已经构成作品,应属著作权的保护范围。其进一步认为,在体育赛事的转播过程中,转播方需要在体育赛事的场地设置特定的录制设备,并采取多个角度的方式来呈现整个赛场。而且,由于存在信号传输的延误以及回放镜头等技术手段,观众看到的体育赛事直播与实际中体育赛事现场并不完全一致,有时也有同时多次从多个角度观看同一时间的比赛的精彩镜头。因此,体育赛事转播不只单纯地包括体育赛事录制,还要加上回放、解说、评论甚至剪辑等多种附加技术。这些镜头也并不是单纯地通过摄像设备制作,而是要经过转播方的工作人员对赛场信号进行收集、加工与编排。并且在此过程中,要用到转播人员的创作力,不同的转播人员所加工成的转播画面也不同。因此,这种独特性的编排已经附加了编排者的智慧,成为创作性劳动。由于转播人员自身的专业技能以及对比赛了解的差异,转播画面呈现出创作性,几乎不会产生重复性的画面效果,亦反映了其独创性,这种独创性已经满足了我国著作权法对作品的认定。

但是,在认定体育赛事的具体画面属于著作后,朝阳区人民法院直接适用《著作权法》第 10 条第 17 项所载"应当由著作权人享有的其他权利",认定天盈公司存在侵权行为。此为兜底性条款,之所以适用此兜底条款,其原因在于朝阳区人民法院认定体育赛事在网站上的实时转播并不属于信息网络传播权的调整范畴，而又无法在《著作权法》中寻找到其他条款。

(二) 录音录像制品

央视网诉世纪龙公司侵害信息网络传播权案中，原告（央视网）发现，被告（世纪龙公司）在其网站上通过信息网络，实时播放其奥运频道直播的北京奥运会的一场女足比赛。[1]广州市中级人民法院认为，该场女足比赛是直播节目，未达到著作权理论上的独创性高度，比赛进程的控制、解说、评论等不具有独创性，节目本身能反映出节目制作者的智慧成果非常有限，因此，央视网播出的该比赛并不能构成著作权法意义上的著作。但是，广州市中级人民法院还认定，央视网摄制的比赛体现了一定程度的独创性，应认定为电影作品和以类似摄制电影的方法创作的作品以外的录像制品，中央电视台对其享有录音录像制作者权。此案中，广州市中级人民法院将体育赛事节目的实时转播行为纳入信息网络传播权中，这样录音录像制品者享有的信息网络传播权就可被保护。无独有偶，同样的情形发生在央视诉华夏城视网络电视股份有限公司侵犯著作权案中。此案中，央视网认为其对巴西世界杯比赛节目的直播和点播享有独家权利，华夏城视网络电视股份有限公司未获授权，在其网站上同步直播了"巴西VS克罗地亚"的比赛，已经构成侵权。央视以被告侵犯了其以类似摄制电影的方法创作的作品为由，将被告诉至法院，主张以《著作权法》第10条第17项兜底条款进行保护。法院认为其并非作品，而属于录音录像制品，理由在于，体育赛事具有不可预料性，所以其进程不受控制，故并非创造性成果；体育赛事节目是对体育比赛的实时性反映，转播方如导播、拍摄方不是处于主要地位，而是主要依附于体育比赛本身，并受到现场比赛的限制；其目的在于将体育赛事的精彩呈现给观众，留给拍摄者或转播者自由发挥创造的空间非常小。[2]

---

[1] 参见广州市中级人民法院 (2010) 穗中法民三初字第196号民事判决书。
[2] 参见深圳市福田区人民法院 (2015) 深福法知民初字第174号民事判决书。

第二章 体育赛事转播权的知识产权保护

以上两种模式均试图运用著作权法对体育赛事转播过程中形成的画面进行界定，前者抽象，后者则具体到录音录像制品的保护上。我国著作权法对由摄录形成的连续画面根据独创性的不同分成了作品和录像，我国著作权法对作品有着完整的权利保护，而对录像只能进行部分权利保护，换言之，前者的保护更加全面、完整。相应的，体育赛事由拍摄的连续画面组成，根据我国著作权法，若赛事画面被认定为作品，就会得到完整的保护，若赛事画面只被认定为录像，受保护的程度则受到限制，只享有我国著作权法规定的复制权、发行权等。对体育赛事是否可认定为著作，学界形成了截然相反的两种观点。有学者认为，体育赛事不具有著作权法意义上的独创性，不应受到著作权法的保护，在我国现有法律规范下，可认为体育赛事具有民法意义上的财产权，将其作为一种娱乐产品。[1]与此相对，有学者认为体育赛事直播具有独创性，其在节目创作上经过"艺术加工"的智力表达，并不等于体育赛事活动的"事实"本身，其应当具有独创性。[2]

即使不被认定为作品，也仍有必要对其是否属于信息网络传播权进行分析。以体育文化产业较为发达的日本为例，《日本著作权法》在权利类型的划分上与我们国家有不少相似之处，但著作权与邻接权则有明显的区分，其对视听节目的认定也存在分歧。《日本著作权法》规定，权利人可对未其经同意，通过信息网络传播方式侵犯其体育赛事节目知识产权的行为进行控制，故对于体育赛事节目的定性不太关注。我国《著作权法》第10条第12项规定的信息网络传播权，是指以有线或者无线的方式向公众提供作品，使公众可以在其选定的时间和地点获得作品的权利。人民法院

---

[1] 张心全.体育赛事转播权不是一种著作权[N].民主与法制时报，2008-8-25（A11）.
[2] 严波.现场直播节目版权保护研究[D].上海：华东政法大学，2015.该学者认为，体育赛事直播是电视编导个性化、创造性的劳动，赛事直播节目在影像化创作中采用了戏剧化创作手法，赛事直播节目内含娱乐化的艺术表达以及体育精神与情感的表达。其以具体案例的方式论证了体育赛事直播的独创性，并认为体育赛事直播节目属于《著作权法》中的作品。

之所以不将其认定为信息网络传播权，主要依据在于对"交互式"特点的否定，及否认公众可以在任意时间、任意地点获得作品，而体育赛事并不符合交互式的特点。[1]然而，在愈发广泛的网络互动中，更多的门户网站开始进行体育赛事的直播，此时坚守"交互式"的特点来限定信息网络传播权是否仍旧合理值得商榷。

现有的体育赛事转播权的保护路径呈现以下两个特点。第一，在主体保护上，体育赛事转播权的保护局限于对被许可媒体的保护，而真正享有体育赛事转播权的，作为许可一方的体育赛事组织者往往不会因为直接侵权或间接侵权而诉诸法院。这一方面是因为体育赛事转播权仍处于自我授权阶段，如在新浪公司诉天盈公司案件[2]中，人民法院对中国足协拥有体育赛事转播权的认定依据为《中国足球协会章程》[3]。另一方面也是前文提到过的转播权被许可之后，体育赛事组织者已经无动力提起诉讼。第二，在客体保护上，转播权的保护被转化为转播过程中对具体作品的保护，权利保护形态也从保护转播权异化为保护著作权。我国民法的基本要求是，作为著作权和邻接权这种典型的绝对权必须法定，必须具有法律的明确定义，才能对权利进行严格的界定，对权利进行保护和约束，才能真正有效地保护权利人并遏制侵权行为的发生。而现阶段的保护方式使我们不得不面对这样一种现实，即理论上愈发强调重视体育赛事转播权的性质及其独立性，而司法实践仍无法突破现有的保护框架，这又给体育赛事转播权的研究增加了困难。

---

〔1〕根据网络传播的方式可以将体育赛事传播分为交互式网络传播与非交互式网络传播。交互式网络传播是指在其个人选择的时间和地点，可以通过网络获取录像制品的方式。非交互式网络传播中，个人不能通过网络在任意时间或地点获取录像制品，因此非交互式网络传播虽然仍然依赖于信息网络，但是不侵犯著作权。

〔2〕参见北京知识产权法院（2015）京知民终字第1818号民事判决书。

〔3〕《中国足球协会章程》规定，中国足球协会是唯一代表中国的国际足球联合会会员和亚洲足球联合会会员；在其"资产管理、使用原则"章节中明确规定"本会主要经费来源"包括"出售广播电视转播权收入""体育业务相关收入""无形资产许可使用、转让及其他派生收入""其他合法收入"。

三、体育赛事转播权保护的主要对策及建议

(一) 规定转播权具有绝对权的性质

体育赛事转播权现阶段只能自我授权,不能以合同方式穷尽侵权对象。例如,中国足球协会社会团体法人根据《民法总则》设立,若仅以足球协会章程为据,则实际等于变相承认转播权可以自我设定,由此来论证转播权的归属更缺乏法律依据。这意味着权利自我授予甚至不受任何限制,是缺乏法理基础的。现阶段,我国对体育赛事转播权的规定呈现两个特点。第一个特点是法律规范效力级别低,对体育赛事转播权的规定仅散见于一些行政规章中。例如2000年我国颁布了《关于电视转播权管理有关问题的通知》,实际上我国无明文规范约束体育赛事的转播权,基本由体育赛事组织方拟定。该通知明确了赛事主办单位的节目转播权归属问题,约束了体育赛事主办者与媒体传播者,要求双方通过合约的方式签订赛事转播合同,明确彼此的权利和义务,避免在赛事节目运营期间产生侵犯权利的事件发生,以更好地保护双方的知识产权权益,维护双方的利益。[1]除此之外还有国家版权局、工信部等几个部门联合发布的《关于严禁通过互联网非法转播奥运赛事及相关活动的通知》。第二个特点是规范政策性明显。以上类型的行政规章对于体育赛事转播权的保护力度不强,且每次遇到国际、国内重大赛事时都会重新颁布,频繁的更迭以"政策性"的导向限制了转播权保护的连贯性,也无法改变现有的合同保护模式下带来的弊端。从比较法来看,《法国体育运动法》将法国足协作为唯一的电视转播合同主体,其权利范围包括但不限于授权电视机构直播、录像常规比赛或非常规比赛。这说明,制定单行型立法并不存在障碍。针对此,由体育法规定体育赛事转播权,使之具有绝对权的性质。

---

[1] 秦大魁. 我国体育知识产权保护与研究 [D]. 重庆:西南大学,2006.

（二）以专门立法的方式规定转播权及其相关内容

纵观我国《体育法》《著作权法》，并无体育赛事转播权的明确规定，仅在《体育法》第34条中有所涉及。该条文规定，我国境内举办的重大体育赛事活动，其名称、徽记、旗帜及吉祥物等特定标志按照国家有关规定予以保护。然而，此处的"法规"至今仍未出台。[1]对于电视转播权商品化权属性，在法律规范选择上，一般以《反不正当竞争法》为主，属于兜底型救济，而兜底型救济为消极的保护方式，弊端明显，加之电视转播具有非常显著的时效性，对保护的时间要求很高。若是仅以消极保护作为手段，则可能出现迟到的正义为非正义。现阶段对体育赛事转播过程中作品的保护是在现行法的框架下进行的，那么从立法上来看，承认转播权是一种独立的无形财产权并进行专门立法保护成为现实的需要。而且，试图通过修改《著作权法》已不能满足体育赛事转播权独立性的要求，也无法满足对转播权特殊性的保护，因此对其进行专门性立法势在必行。对此，可将体育赛事转播权单独立法，也可将其作为一项全新内容增至体育法中。单行立法有利于转播权的更周全的保护，但立法成本较高，而将其增加至体育法中则比较简单。未来采取何种立法需要依具体环境做出选择。还有学者进一步建议，国务院可成立专门的体育仲裁委员会，独立于各级行政机构与体育协会，专门负责俱乐部广告赞助合同纠纷、赛事转播权转让合同纠纷等仲裁事项。[2]本书对此持赞同意见，但认为此项建议应在对体育赛事转播权进行特殊规定后方可展开。此外，从国际交往来看，知识产权本身是国际性的，体育赛事转播问题的法律讨论有明显的知识产权性，根据欧美国家体育发展的经验，体育赛事转播在市场中占有重要地位，因此建立专门性的符合国际知识产权制度的判例制度，有利于提升我国在国际市场中的地位。

---

〔1〕 吴进新. 体育赛事转播权研究 [D]. 广州：暨南大学，2013.
〔2〕 郭树理. 体育纠纷的多元化救济机制探讨：比较法与国际法的视野 [M]. 北京：法律出版社，2004：98.

(三) 以任意诉讼担当解决转播权的保护问题

体育赛事转播权涉及转播权人与被许可转播人以及潜在的侵权人三者之间的关系，即使确定了转播权的独立性，也必须回答被许可转播人究竟享有何种权利。现阶段以合同的形式获得转播权，其受限于合同的相对性，这就给被许可转播的主体权益保护设置了障碍。在专门性立法不能及时制定时，可暂时通过诉讼结构的修改解决这一困境。即可以允许任意诉讼担当，由被许可转播人以转播权人的名义起诉侵权人，这样既可以避免被告所提出的原告不适格问题，也可以缓解频繁利用转播制作节目著作权的保护来替代体育赛事转播权的保护，同时解决实践与理论双重问题。

本章小结

体育赛事转播权在法治化的过程中被纳入法学领域，并通过法律符号予以表达。在体育赛事转播过程中，如何确定或保护转播的利益，被法学理论或法律规范识别为体育赛事转播权。无论是企业权利说还是赛场准入权说抑或娱乐服务提供说，其理论来源均根植于一国的立法、司法乃至基本法律。当我国开始出现关于转播权问题的讨论时，各种观点的理论来源也都与我国立法、司法实践密不可分。试图通过现有《著作权法》来推定或寻找体育赛事转播权成为一种比较普遍的研究路径。然而，这种从效力到性质的研究路径并不能从根本上及整体上对体育赛事转播权进行限定，也无法将其抽象出符合一般体育赛事知识产权理论的基本因素。故从此点来看，将体育赛事转播权作为一种特殊化权利予以对待更有利于体育赛事知识产权的保护。实践中，对体育赛事转播权的侵犯成为研究体育赛事转播权的重点，直接侵权与间接侵权对其均产生了巨大的危害，故将体育赛事转播权限定为特殊权利且给予单独立法方可起到更好的效果。

第三章
体育赛事品牌知识产权保护

第一节 体育赛事品牌保护的界定

一、体育赛事品牌及其类型

随着体育赛事进一步职业化和市场化,体育赛事品牌概念逐渐浮出水面。从字面意思理解,体育赛事品牌是指体育赛事所形成的能够为人们所认知且具有一定的经济价值、市场价值的符号。体育赛事是一个庞大的系统,尤其对国际性、国家性体育赛事来说,参与者越来越多,其中不乏已经具有特定商标、商号的主体,因此对体育赛事品牌的界定就有了广义与狭义之分。广义上的体育赛事品牌是指体育赛事过程中出现的能够被认知且具有一定经济价值的符号;而狭义上的体育赛事品牌是指体育赛事用于与其他体育赛事加以区别的符号或标志。广义上的体育赛事品牌实际上包括了狭义上的体育赛事品牌和参与体育赛事的主体以及对体育赛事有贡献的主体对外能被认知的品牌。之所以要对体育赛事品牌进行如此区分,其原因在于体育赛事品牌概念具有不确定性。体育赛事品牌本身不是一个法律用语,而是被学者长期使用而成为习惯的用词,其没有以特定内涵的方式出现在法律中。如果不加区分笼统地认识体育赛事品牌的概念,那么在一个大型赛事中,不但该大型赛事本身能够被称为体育赛事品牌,赞助该大型赛事的企业所拥有的品牌以及冠名该大型赛事的品牌都可适用体育赛事品牌一词，从而在具体设定体育赛事品牌保护规范的时候就可能出现混乱，规范体系也会更加复杂。

从现有的体育赛事品牌来看，在狭义概念范围内，可依据不同标准对体育赛事品牌做出以下分类。

依照体育赛事品牌的影响力，可分为国际体育赛事品牌、洲际体育赛事品牌以及国家体育赛事品牌。国际体育赛事品牌是全球性体育赛事中才可出现的品牌，典型的为奥运会、各种单项赛事的世界杯、世界锦标赛等。洲际体育赛事品牌是洲际范围内体育赛事运用的品牌，典型的如亚运会、欧洲足球冠军联赛、东亚男足四强赛等。国家体育赛事品牌则是在一个国家范围内所进行的体育赛事的品牌。在我国，国家体育赛事品牌又可细化为省级、市级等更加具体的体育赛事品牌。例如四年举行一次的全国运动会就是典型的国家体育赛事品牌，而如北京市运动会、上海市运动会等就属于省一级别的赛事品牌。一般来说，赛事品牌的影响力越强，其价值就越高，对其进行保护的需求也越大。故奥运会、世界锦标赛等体育赛事因品牌价值很高，对侵犯其品牌利益的行为打击力度就应该很大。之所以要按照体育赛事品牌的影响力来进行划分，是因为一旦出现体育赛事品牌的纠纷，准据法问题就成为难点。例如，奥运会虽然是国际品牌，但由于每届奥运会的承办国不同，出现了盗用体育赛事品牌的行为后，追究其责任就成为法律上需要回答的难题。2008年北京奥运会时，出现了盗用奥运会品牌兜售商品的虚假行为，最终是依据我国现行法律进行了规制。此类情形在其他国家承办的奥运会中也时有发生，而其他国家也是依据各自国内的法律进行规制的。在侵犯的是同一奥运会品牌的情况下，依据各国法律规范所处理的结果就出现了不同。而在国家一级或省、市一级的体育赛事中，对侵犯、盗用体育赛事的性质和规制就比较统一。由此可见，虽然我们在理论上经常讨论体育赛事品牌的保护问题，但其讨论过于空洞，过分强调保护的需求而忽略了保护的不同层次和不同情况，故而即使在理论上对此问题达成了一致，也必须明确哪些类型的体育赛事可在我国法律规范、法律体系内获得良好的保护。本书对体育赛事品牌的保护也限定在此范围内。

依据体育赛事品牌所属的具体运动类别，可分为多种不同项目的体育赛事品牌。例如对于足球赛事品牌，国际性或国外的体育赛事包括男子足球世界杯、欧洲冠军联赛、欧洲五大联赛、亚洲冠军联赛，国内体育赛事包括中超联赛、中甲联赛等。在同一项目的所有体育赛事品牌中，由于均以特定化的体育项目作为其体育赛事品牌的重要组成部分，因此可能出现品牌之间的冲突或雷同的情形。这种冲突或雷同基本不会发生在具有重大影响的国际或国内赛事中，最有可能发生在省、市一级的赛事中。在省、市一级的赛事品牌中，其赛事影响范围有限，冒充其赛事品牌从事侵权行为的事件就更加突出。此类体育赛事品牌侵权行为并不仅仅是以获取体育赛事品牌的某些商业价值为目标，还有可能超出市场行为直接欺诈、骗取体育赛事的参赛者从而获得不法利益。此类侵权已经超出民事法律规范的范围，而应受到刑法的规范。

依据体育赛事品牌的利益归属，可分为营利性品牌和非营利性品牌。体育赛事有着强烈的市场化与经济价值属性，这体现在体育赛事品牌所包含的市场号召力上。但这并不能推导出所有的体育赛事均以营利为目的，相当一部分的体育赛事具有非营利性，以公益性为目的。例如我国举办的全民健身周、以少数民族特色体育活动为项目的体育赛事以及各个级别的青少年儿童体育赛事，此类体育赛事虽不以营利为目的，但其品牌也具有相当的号召力，极有可能出现利用此品牌号召力从事违法活动，进而侵犯他人利益的行为。由此可见，我们在认识、理解体育赛事品牌保护时，不能将体育赛事品牌保护的范围限定于营利性体育赛事，而应当对所有体育赛事进行普遍性的保护，只不过在具体保护时，营利性体育赛事知识产权的保护应采取当事人主义模式,以体育赛事的组织者自我主张权利为主要方式;对非营利性体育赛事品牌的保护则应采取职权主义,除公益性体育赛事的组织者之外,其他有权机关或团体都可以作为当事人提起诉讼,可以仿照《民事诉讼法》中有关公益诉讼的规定。是否具有营利性是此类别划分的前提,这要求在实践中为认定体育赛事品牌提供相应的方式、途径,从而为体育赛事知识产权的保护提供前提性基础。

二、体育赛事品牌与体育赛事参与者的品牌

在本书使用体育赛事品牌的狭义概念后,有必要厘清体育赛事品牌与体育赛事参与者品牌二者的关系,并阐述二者在法律规范保护上的区别。体育赛事品牌具有唯一性。体育赛事品牌是一个体育赛事对外宣传、传播的名号与标签,是一个体育赛事有别于另一个体育赛事的最突出特征,每个体育赛事只有也只能形成一个品牌,呈现出唯一性。例如,我们一旦说到中超联赛,就可以与日本职业足球联赛完全区分开来。世界上再也没有与中超联赛和日本职业足球联赛完全一致的赛事了。而体育赛事参与者的品牌则是体育赛事参与者自身对外宣传、传播的名号与标签,其本质是通过各种形式在体育赛事中为人们所熟知来增加品牌的知名度。体育赛事参与者的品牌具有多重性。随着体育赛事市场化的进一步提高,体育赛事吸纳了更多的市场化因素,冠名、赞助等各种形式的合作涌入体育赛事领域,而进行冠名、赞助的企业或公司在付出相应对价后,就可成功地将自己的品牌与该体育赛事相关联。这些企业或公司也会在宣传中表明自己是某体育赛事的冠名商、赞助商,从而增加自己的受欢迎程度。体育赛事参与者的品牌具有多样性。为了宣传自己的品牌,同一企业或公司可能同时赞助或冠名多项体育赛事,如青岛啤酒曾赞助了中超联赛、中国男子职业篮球联赛等多项赛事。

理论上对体育赛事参与者品牌的研究颇多,多是从所谓冠名权、广告权、商标权的角度进行论述。这种论述实质上混淆了体育赛事品牌和体育赛事参与者品牌之间的关系。从体育法的角度来看，体育赛事品牌是体育事业自身良性发展所产生的结果，是整个体育产业得以运行的重要推动力之一；而体育赛事参与者品牌是附属于特定体育赛事的营利性商业行为的具体表现形式，虽然有的体育赛事参与者品牌实际推动或促成了某些体育赛事的成功举办，但若出现单一品牌直接组织或创办了某项体育赛事，则其已经兼具体育赛事的组织者身份，其品牌也成为体育赛事品牌的一部分。可以说，体育赛事品牌本身是体育赛事赞助商、冠名商得以实现其赞助、冠名的前提，对所谓赞助商利益、冠名商利益的保护虽然可称之为广义的体育赛事品牌保护，但本质上应以保护体育赛事品牌利益为前提。因此，对于体育赛事品牌的研究，在理论上应将重点放在对狭义体育赛事品牌或纯粹体育赛事品牌的规范、保护上，在讨论时也不应超出这一范围。

三、体育赛事品牌知识产权的特点

在体育市场化日趋激烈的现代，商业主体往往试图通过"搭便车"的方式借助体育赛事品牌来提升自身品牌的知名度，进而以非法手段谋取利益。体育赛事品牌是赛事组织的无形资产，可以为赛事创造更多的无形利益，也可以具体化到体育赛事的纪念商品、吉祥物、运动商品等具体赛事产品上面。在强调增值、收藏等多元化投资的今天，人们倾向于选择品牌产品，尽管并不能将体育赛事品牌与商业品牌相等同，但不可否认的是，良好的体育品牌形象无疑是赛事获得更多利益的筹码。例如，人们非常愿意购买奥运会纪念品、吉祥物等，其在选择购买的时候，不会因谁是此类商品的制造商而有所不同，仅是对奥运会这一品牌的追求。虽然体育赛事品牌本身抽象而不可固定，但体育赛事品牌的具体化产品具有可复制性，如赛事标志、吉祥物、具体口号等会被某非赞助商复制，以期获得经济利益。而体育赛事品牌具有唯一性，对其究竟处于何种法律地位目前并没有形成统一的观点。而在理论上，在诸多部门法中，一般都从知识产权法角度来认识体育赛事品牌，虽不能将其与典型的专利权、商标权或著作权进行一一对应，但仍可从理论上分析初期特点。

第一，体育赛事品牌具有无形性。与商标的特定化与可识别性相比，体育赛事品牌不拘泥于特定的图标、图像，只要能表达其与体育赛事品牌内涵一致的内容，都应当被认定为体育赛事品牌。正如有的学者所言，体育赛事品牌是一种无形资产，它是体育赛事外在的形象标识。[1]例如在2008年北京奥运会中，出现"2008北京"的字样，大家就会理解其表达的是北京奥运会；若出现福娃及五环的字样，人们也可以理解其为北京奥运会。再如，中超联赛以联赛标志出现的时候，人们知道其所指向的内容，即使以文字即"中国足球超级联赛"几个字出现时，人们也认为其只代表了我国的中超联赛。因此，体育赛事品牌并非任何图标、文字、符号的特定组合，而在于其内在所表达的某种体育赛事本身。正是由于体育赛事品牌的无形性，不能像传统专利权、商标权那样进行针对性的保护，因此加大了体育赛事知识产权的保护难度，怀有特定目的的人往往会"打擦边球"，借助体育赛事的某种表达来宣传自己的商品或牟取不法利益。例如原大连中山工商分局发现，某百货商场销售的某种保健品使用了"为'新北京，新奥运'增光彩"字样，侵犯了奥林匹克标志。该保健品所属公司的行为就属于在未获得授权的情形下擅自使用奥林匹克标志的情形。[2]

第二，体育赛事品牌具有财产性。体育赛事在市场化的进程中被划分为体育产业，可见体育已经能够带动经济增长。而在整个体育赛事组织运行的过程中，体育赛事除了可以增加就业、拉动消费之外，还可以将民众对它的关注内化为体育赛事的资产。这一方面包括有形的资产如门票收

---

〔1〕 潘建华. 体育赛事品牌的法律保护研究［J］. 西安体育学院学报，2010（2）：158-161.

〔2〕 "大连一公司销售保健品时盗用奥运标志受到处罚"，载搜狐网首页，http://news.sohu.com/59/30/news209153059.shtml，最后访问时间：2018年5月12日。

入、转播权收入、体育场馆的建设,另一方面也包括体育赛事内在的能够被民众感知、认可的财产,这种财产没有或者无法找出具体的载体,其主要表现就是体育赛事品牌。除了奥运会、各个单项世锦赛等具有绝对性的世界性赛事外,许多体育赛事品牌一旦被提及,就会吸引观众的眼球,如一年一度的环法自行车赛、一年一度的达喀尔拉力赛、四大满贯网球公开赛、英国斯诺克大师赛等。之所以以上体育赛事品牌能够被人们熟知,是因为以上体育赛事十分精彩、组织有序,能够给观众带来竞技体育的美感享受。换言之,这些体育赛事品牌的受欢迎程度、被关注程度已经内化为品牌自身的价值。

第三,体育赛事品牌具有非商业性。体育赛事品牌具有一定的价值,但体育赛事品牌并不是为了某种商业行为而设立的,若是以体育赛事品牌具有财产性就认定其具有商业性则大为不妥。首先,体育赛事的创制是体育竞技活动的当然结果。体育活动从来也不是为了商业而生,其设置的目的反而是在商业这种追求营利的活动之外来寻求身体和心灵上的愉悦,并将这样一种精神文化在特定实践、特定场所以体育的形式表达出来。其次,有的体育赛事运行虽然充斥了商业化的活动,但大部分体育赛事仍旧是单纯的成本输出。例如,我国省、市组织的青少年运动会、单项足球赛、游泳比赛等,还有典型的"东亚足球赛""省港杯"等足球赛,其本身是为了促进主体间的交流,但这并不妨碍其确立良好的体育赛事品牌。最后,体育赛事品牌无法直接转化成经济利益。与商标、域名等以名称作为财产价值的现代性符号相比,体育赛事品牌并不能也不会作为法律上的客体进行交易,这在下文中也将展开论述。同一种体育赛事品牌也并不会一直受人们的欢迎,如原属于欧洲五大联赛的法国足球联赛,其因为本身的竞技性、观赏性的下降而失去了众多球迷。欧洲五大联赛的品牌还在,但其已经没有了当时的号召力。可见,体育赛事品牌永远是以赛事本身的组织和精彩程度为核心,并不能以其在某一时段内的竞争力而转化成相应的经济利益。

第四，体育赛事品牌的主体具有模糊性。组织者对整个体育赛事具有管理权，并可行使包括许可、转让之内的多项权利。但是，体育赛事的组织者并不当然地成为体育赛事品牌的主体。从一般意义上来说，在类型繁多的体育赛事中，体育赛事组织者的权利是把赛事办得更好，可见，体育赛事组织者与体育赛事本身绑定，如果没有体育赛事，也就没有体育赛事的组织者。如果说体育赛事组织者就等于体育赛事品牌的主体，那么体育赛事组织者就负有行使该体育赛事品牌带来的利益的权利。从现在来看，无论是广告宣传还是冠名抑或是接受赞助，体育赛事组织者能够做的就是允许广告宣传、允许赞助商宣传自身的赞助地位，而其本身对体育赛事的品牌没有任何积极的权能。此外，体育赛事组织者与体育赛事一样具有一定的时效性，而体育赛事品牌一经推出就不受时间的限制，那么在体育赛事结束后，组织者解散，侵害体育赛事品牌的行为应如何规范呢？这也是实践中比较难以解决的问题。

第五，体育赛事品牌具有不可转让性。在法理上，除了人身权外的财产权都可以转让、流转或处分。这既包括所有权、担保物权等，也包括知识产权。但是，体育赛事品牌并不可转让。从第二章的论述可知，体育赛事是组织者及参与者协作的产物，而体育赛事品牌一经确定即脱离于体育赛事独立存在，无论体育赛事名称如何变化，体育赛事品牌已经确定，即使更改也不具有溯及力。这表明体育赛事虽然可以找到具体享有的主体，但该主体由于并不是创造或形成体育赛事的唯一主体，其只能享有或保持体育赛事品牌，而不能对外转让该体育赛事品牌。从现实情形来看，体育赛事品牌也没有转让的可能性，即使存在体育赛事组织者的变更，体育赛事的品牌也并不转让，而是在之前的基础上创造了新型的体育赛事品牌。某项体育赛事在停止或终止后，其替代性的体育赛事基本不会沿用该赛事名称，即使在赛制上并没有太大的区别，之前的体育赛事品牌也会被新的体育赛事品牌代替。比较典型的是中超联赛是在中国足球甲 A 联赛的基础上演变而来的，但使用了超级联赛一词，而甲 A 联赛这一品牌永远停留在了 2004 年。同理，欧洲足联举办的欧洲冠军杯、欧洲优胜者杯以及欧洲联盟杯在终止之后也没有沿用其中任何一个名字，而是改成了欧洲冠军联赛和欧洲联赛杯。赛事组织者们为何不采用之前的赛事品牌所积累的号召力、关注度而是在其基础上对赛制进行微调呢？其原因之一就是体育赛事品牌具有不可转让性，若仍旧采用之前的赛事名称，其赛事品牌也仍保持不变，那么新型赛事的品牌就无法增加新的活力。在这种情形下，新旧两个体育赛事品牌就没有了关联。在理论上，如果将体育赛事品牌等同于体育赛事中出现的品牌，则可能直接否定了体育赛事品牌这一概念。众所周知，体育赛事中出现的品牌如冠名商、赞助商等都具有主体多样性、临时性或阶段性，同一项体育赛事可能有多个赞助商，前后两次体育赛事可能由不同的企业品牌赞助，这些品牌之所以能够出现在特定的体育赛事中，是因为通过合同与体育赛事本身发生了关联，而这种关联性也正是以合同的存在为前提，这就使其冠名、赞助等行为受到时间限制。从另一个角度来看，赞助、冠名的各种名号、品牌在其基础权利如赞助权、冠名权消失、转移之后都可能发生变化。一言以蔽之，体育赛事品牌本身不可转让，依附于体育赛事品牌的其他品牌则当然地具有可转让性。

从体育赛事品牌的特点来看，体育赛事品牌表现出与一般财产权及知识产权不同的特点，这些特点也增加了体育赛事品牌保护的难度。从法律角度来看，尽管现阶段体育赛事品牌的法律保护并不特别健全，但是若没有健全的法律法规来规范、保护体育赛事品牌，那么体育赛事自身的吸引力就会下降，原本乐于对体育赛事进行赞助的商家也会失去积极性。类似的，若是某品牌自身出现问题，则消费者对该品牌的忠诚度就会下降，赛事的利益就得不到有效保障。故当体育赛事品牌被侵害，且无法得到法律保护时，对体育赛事及整个体育赛事产业的损害将是巨大的。因此，从保障推进体育产业发展的角度出发,也应当加大对体育赛事品牌保护的力度。

第二节 体育赛事品牌法律保护的理论争鸣

体育赛事品牌作为一种特殊的无形财产,如何在法律层面寻找适合的保护方式是理论上所要回答的问题。从研究目标上来看,如果能从现有法律规范中寻找出合适的体育赛事品牌保护规范,则体育赛事的品牌保护便较为简单;若不能,则需要针对体育赛事品牌的保护做立法论上的专门设定。因此,需对与体育赛事品牌保护相关的理论进行分析、阐述。

一、商标保护

我国《商标法》第48条规定了商标的使用方式或途径,也可说限定了商标的内涵。[1]根据该规定,商标性使用是指将商业标识用于商业活动中,并对相关公众起到区分商品或服务的来源作用。商标性使用应满足三个条件,即用于商业活动中、使用的目的为说明商品或服务的来源、相关公众可据此区分商品或服务的来源。如果体育赛事品牌符合以上三个条件,那么体育赛事品牌的保护就可通过商标权来规范。对于第一点,商业标识用于商业活动中。从体育赛事品牌的产生来看,体育赛事品牌首先是体育赛事对外可识别的标识,是宣传、广而告之赛事即将开始的一种名号。体育赛事品牌虽然经常与一定的商业活动如赞助、冠名相联系,但体育赛事品牌从本质上来说并不以商业活动为创始初衷。例如奥林匹克运动会品牌自其举办就一直存在。从体育赛事的内容来看,体育赛事的内容是

---

[1]《商标法》第48条规定:"本法所称商标的使用,是指将商标用于商品、商品包装或者容器以及商品交易文书上,或者将商标用于广告宣传、展览以及其他商业活动中,用于识别商品来源的行为。"

竞技，是充分释放参赛选手的能力，提高比赛的观赏性。因此，体育赛事的举办目的并不是获得商业收入，奥运会的组织者、承办者也没有从一开始就对奥林匹克这个品牌进行宣传，竞技与比赛才是整个体育赛事的核心。对于第二点，使用的目的是为了说明商品或服务的来源。上文已经论述过体育赛事品牌的使用是为了让观众了解该体育赛事，是为了提高体育赛事的知名度或影响力，体育赛事也并非商业或服务，其更类似于人的姓名而不具有特定商业推广意义，故其不存在商业推广的目的。如果体育赛事品牌存在的意义变成宣传其商品或服务，那么体育赛事作为体育经济的本质就已经不存在了。对于第三点，通过使用能够使相关公众区分商品或服务的来源。在第二点中已经提及，体育赛事本身不提供商品或服务，即使体育赛事没有观众，没有任何纪念商品，体育赛事仍会正常进行，这也可佐证体育赛事品牌并非为了区分商品或服务的来源。

从以上三点分析来看，体育赛事品牌与《商标法》中的商标并不相同。除了从规范角度对比二者外，还可以从商标的产生及应用来分析。所谓商标的申请注册，是指自然人、法人或其他组织，对于其经销的商品或提供的服务需要取得商标专用权的，依法向有权机关（国家知识产权局商标局）提出商标注册申请。商标注册申请是一个十分复杂的过程，包括提出申请、审查、变更、续展、异议申请等多个步骤，还包括国际注册申请、证明商标注册申请、集体商标注册申请等。由于商标以其外观的新颖性、独特性作为区别于其他商标的主要标志，故在将价值内化于商标外观的前提下，商标本身如何选择或设定就成为争议的焦点，故也必须通过中立第三方来进行判断。这就是为何商标需要历经复杂的申请和注册过程。相对于此，体育赛事品牌具有明显的自我授权、自我设定，无需中立第三方进行判断。在体育赛事创办的过程中，无需进行任何登记，即使登记也不会对其名字进行审核，而体育赛事的组织者也不会故意选择已经使用过的被人们熟知的体育赛事名称，并且限于体育赛事具有一定的地域性和项目特征，也不会发生重复、冲突的体育赛事品牌。

综上来看，若将体育赛事品牌作为商标并适用一般的商标权调整规范，其优势和劣势都非常明显。其优势在于，体育赛事品牌的保护会更加充分、完整。若体育赛事品牌具有特定化商标的特点，其就会具有强大的识别功能；若其被盗用、侵权或不当利用，体育赛事组织者在主张权利时就更加简单，侵权行为人的违法成本就更高。而其劣势在于，商标权的保护总是以商标的注册为前提的，这就增加了体育赛事品牌设定的条件，给体育赛事的举办增加了成本，从而冲击已经形成的体育赛事品牌传统，使体育赛事品牌的注册成为一种有利可图的商业行为，减损了体育赛事自身的公益性，这是法律调整所不希望看到的。

二、商号（冠名权）保护

商号或曰冠名权的保护是理论界经常提到的，学界较多从保护体育赛事冠名权的企业利益出发展开论述。例如有学者认为，体育赛事冠名权是职业俱乐部重要的经济收入来源，是现代企业一种新型高效的营销方式。[1] 此类论述将体育赛事的冠名权与体育赛事品牌之间的关系割裂，意图跳过体育赛事品牌而单独论述冠名权的保护及其可适用规范。从理论上来看，冠名权是商号，是指从事商业活动的经营者通过登记并在商业活动中使用以识别自己的标识。使用商号当然应受到法律保护，而冠名权或曰冠名行为则是为扩大企业宣传的一种商业策略。当此策略发生在体育赛事领域时，就产生了体育冠名权问题。通过企业与体育赛事组织者的合作模式，由体育赛事冠名权一方提供对价，体育赛事活动的组织者为其提供庞大的观众群，冠名企业借此宣传和介绍自己的产品或服务，最终获取丰厚的经济利益。此处所讨论的是将体育赛事的品牌直接与体育赛事冠名权相对

---

[1] 武光前.体育冠名权的法律构成及其经济价值与地位［J］.海南广播电视大学学报，2005（3）：38-41.

应，并试图寻找通过体育赛事冠名权的保护路径来保护体育赛事品牌。

现阶段我国已经对体育赛事冠名权有所保护，已有案例对体育赛事中的冠名权做出认定。例如在深圳引领平安公司诉中超联赛公司与平安保险一案[1]中，原告认为二被告的行为侵害了其商标权。原告认为其已获得了"平安"字样的注册商标专用权，被告在中超联赛中使用的冠名权侵害了其商标权。人民法院经审理后认为，被告的行为不属于商标性使用行为，不构成侵权。两被告在中超联赛等赛事中使用"中国平安"或"平安"字样，属经营者在商业活动中合法使用其商号的行为。针对此案件，形成了两个不同的观点。一种观点认为，原告已经获得了"组织体育活动竞赛"服务上的商标专用权，二被告通过约定冠名使用的方式在中超联赛及其宣传的时候使用了"中国平安"或"平安"的标识，这已经属于在"组织体育活动竞赛"意义上的商标使用行为，会导致被告与原告的服务产生混淆，故被告成立侵权。另一种观点认为，两被告在中超联赛中使用"平安"或"中国平安"的冠名时，属于为自己经营的保险业务打广告的行为，其性质属于广告权益，意在借助中超联赛的影响力宣传自己的业务，观众在观赏中超联赛时看到"平安"或"中国平安"字样时也会将其认定为广告，而不会将其与所谓"组织体育活动竞赛"服务商标相联系，进而不会混淆二者。本案审理法院最终采纳了第二种观点，认定冠名行为不属于商标性使用行为。此案是针对体育赛事冠名权的性质的争议，并不等同于本部分所讨论的体育赛事品牌。但从本案裁判的结果中，我们可以得出以下几个基本推断。第一，在有冠名的体育赛事中，冠名权本身不属于商标，由此可见，与冠名权一同组合出现的"被冠名后的体育赛事品牌"也不能等同于商标。这似乎可以佐证上一部分内容关于体育赛事品牌与商标权关系的论断。第二，在没有冠名的体育赛事中，冠名权及其可能延伸出的商号就不存在，此时仅有体育赛事品牌这一概念。如果体育赛事

---

[1] 参见广州市中级人民法院（2016）粤03民终15570号二审民事判决书。

品牌本身出现了与他人或其他公司在先注册的"组织体育活动竞赛"服务商标相似，此时仍会出现所谓的侵犯商标权之争。那么，既然在前文提到的裁判中，冠名权因其特点尚不足以对商标权造成侵害，那么体育赛事品牌又如何可以对其造成侵权呢？案例中提到原告获得"组织体育活动竞赛"注册商标权的保护，根据我国《商标法》的相关规定来看应当仅限于某主体组织体育赛事活动进行营利性的商业行为，而我国现有的大中型体育赛事活动并不以营利为目的，故在此程度上对所谓"组织体育活动竞赛"的商标进行保护就丧失了前提。总之，将体育赛事作为商号来保护的观点或模式未看到体育赛事的非商业性，而实践中对体育赛事中商号的认定也限于赞助商、冠名商等主体上，说明体育赛事作为商号保护并不十分理想。

三、特殊标志保护

特殊标志是知识产权的用词之一，而本书中的特殊标志保护是指将体育赛事品牌作为一种特殊的标志符号进行保护。在理论上，此处特殊标志即为体育标志。有学者认为体育标志是"能够进行市场运营并获得经济效益的，在知名度和规模较大的体育组织和体育活动中以名称、徽记、吉祥物等为表现形式的，反映体育文化特质的专门记号"，且其具有"以财产权属性为主的独占权以及由其衍生出来的相应处分权和经济收益"，具体权能表现为专有使用权、许可使用权、收益权和禁用权。[1]体育标志属于一种特殊化的标志，其典型特点为客体具有差异性、商事使用间接性两个有别于一般知识产权的特点。[2]从该论述来看，体育标志与体育赛事品牌有许多相似之处。第一，体育标志使用具有间接商业性，体育标志有去商业化的特点，体育标志权人对体育标志的直接使用大多不具有营利性，这

---

[1] 于善旭，马法超. 体育标志与体育标志权初探 [J]. 天津体育学院学报，2001 (3)：28-32, 35.

[2] 马法超. 体育相关无形财产权问题研究 [D]. 北京：北京体育大学，2007.

与体育赛事品牌不具有商业性相同。体育标志不能直接转化成经济利益，只有印有体育标志的特定的产品或者经由特定赞助、冠名之后方可转化成经济利益，这与体育赛事品牌具有的非商业性一致。第二，体育标志具有客体的差异性，其包括名称、徽记、吉祥物等具体表现形式。而体育赛事品牌虽然抽象而固定，但其实际也包括与体育赛事品牌有关的所有具体的表现形式，如体育赛事的会徽、体育赛事吉祥物、体育赛事名称等。由此可见，体育赛事品牌是体育赛事对外表达的抽象标志，其代表了体育赛事中的一切主体与客体；而体育标志实为体育赛事品牌在标志方面的具体化，属于体育赛事品牌的一部分。

厘清体育赛事品牌与体育标志之间的关系后，特殊化体育标志的保护路径主要是针对体育赛事总可以转化成具体标志的部分内容进行保护。体育赛事品牌属无形财产权，无形财产权包括法定使用和约定使用两种形式。法定使用是约定使用的一种例外，是法律为避免无形财产权的专有性对社会科学文化知识利用的妨碍而规定的。法定使用主要是非商业性的、具有公益性的使用方式。而约定使用则包括了类似于一般知识产权法理上的许可使用、转让、质押等方式。体育标志的保护模式中，体育赛事品牌的法定使用包括非商业目的的赛事使用、宣传以及用于特定化的科学技术研究中；体育赛事品牌的约定使用则以赞助、冠名等许可使用方式为主。体育赛事品牌不能像著作权、商标权或专利权那样进行转让、质押。这与体育赛事品牌的不可转让性一致。在特殊标志保护模式下，体育赛事品牌的保护包括积极与消极两个层面。积极保护即为充分利用体育赛事品牌的号召力进行许可使用，以签订赞助合同、冠名合同的方式获得资金支持。被许可的商家享有在约定范围内合法使用体育赛事标志的权利，体育赛事组织者则因对体育赛事标志的创造和占有而获得被许可方提供的资金等。体育赛事标志的许可使用在《保护奥林匹克会徽内罗毕条约》《奥林匹克宪章》以及我国《特殊标志管理条例》中都有规定，且已经成为国内外体育赛事市场开发的主要形式。如果被许可方违反了合同中约定的内容，那么体育赛事组织者就有权利要求其承担违约责任。消极层面的保护主要将体育赛事作为一种特殊的绝对性权利，以特殊标志的保护方式防止侵权行为发生。此问题在理论上的分歧主要在于归责原则，即关于过错原则、过错推定以及无过错原则等观点的分歧，并关涉证明责任分配的具体方式。[1]由于篇幅限制，在此不再展开论述。

从前文分析可知，对体育赛事品牌保护来说特殊化标志的保护模式比较完整、彻底，能充分体现体育赛事的非商业性、不可转让性及财产性。但是，特殊标志的保护也存在一个重要问题，即体育赛事品牌并不当然能够等同于体育赛事标志，在许多情况下，体育赛事品牌可能只包括简单的文字，无法达到所谓特殊化标志保护的要求。因此，如何能将体育赛事品牌直接转化成特殊的标志或体育赛事标志，是特殊标志保护模式中必须要回答和改进的。

四、商品化权保护

商品化权又称商品化（形象权），是个人或社会组织所拥有的各种形象所关联的人格因素从而具备的某些"第二次开发利用"的价值。权利人利用的是自身或虚拟的形象，其使用目的在于通过该形象与特定商品的结合而给消费者带来良好影响。故知识产权法上所谓的商品化权，实际上是将某种形象或知名度与商品相结合后所带来的特定的商业利益，其不符合专利法、商标法的保护条件，但属于一项独立的无形财产权。体育赛事品牌的商品化保护理论认为，体育赛事品牌与特定的企业赞助商或冠名商相关联，可以创造出大量的商业价值，故其应当以类似商品化权的性质获得保护。由此观点可以认识到体育赛事品牌内涵的商业价值，但此商业价值仅为体育赛事品牌的一部分，而非体育赛事创制的核心或目的，且体育赛

---

[1] 吴汉东，胡开忠.无形财产权制度研究[M].北京：法律出版社，2001：181.

事品牌的商业价值更多地体现在提升其赞助商、冠名商以及合作伙伴的品牌价值上，而非提升体育赛事品牌自身的商业价值。在赞助商、冠名商频繁变换的现实中，体育赛事本身的知名度仍旧以赛事给人们带来的愉悦感为基础，而非商业价值导向。商品化权的理论看到了大型赛事中的商业价值及对其保护的必要性，但忽视了广泛存在的非商业性或商业性价值非常少的公益赛事，而体育赛事品牌这一概念不能将这些赛事排除在外。

若将体育赛事品牌的性质定位为商品化权，则其与第三点特殊标志的保护性质没有差别，仍需要通过建立专门的商品化权的认定规范以及专门的法律规范来实现对体育赛事品牌的保护，无法借助现行法律来完成体育赛事品牌的保护，从保护成本上并没有太大的优势。

第三节 体育赛事品牌的侵权与保护

一、体育赛事品牌侵权类型

在了解了理论上关于体育赛事品牌性质的观点后，有必要明晰体育赛事品牌在实践中被侵权的主要类型，有针对性地选择体育赛事知识产权的保护模式。

（一）不正当的商业宣传及埋伏营销行为

不正当的宣传是指非体育赛事品牌的赞助商、冠名商不当利用特定体育赛事进行商业宣传的行为。其中，埋伏营销行为是最为普遍也是最严重的不当商业宣传行为。埋伏营销又称伏击营销，是企业常用的营销手段，大量出现在体育赛事中。每一届大型体育赛事中，由于官方赞助商和冠名商有限，在签订排他性合同之后，相同或相类似的功能的品牌只有一个。例如阿迪达斯和耐克的经典赞助之战。2006年世界杯，阿迪达斯为官方赞助商，但在赛后的采访中有31%的媒体将耐克错认为官方赞助商，所以虽然不能直接认定埋伏者的伏击行为对观众的某种权利造成损害，但该伏击行为在宣传上导致观众的混淆，从而构成不正当竞争侵权就具有可诉性。耐克的营销策略是在赛场外由销售人员向候场观众发送小的纪念品、宣传册以及广告，并在醒目的位置树立大幅广告，故意添加与正在进行的比赛相似的内容，以期达到混淆观众视听的目的。又如，在国际奥委会的高级合作伙伴中，饮料类的赞助商只有可口可乐公司一家，像百事可乐、佳得乐之类的品牌都未能获得赞助资格。赞助商类型的排他化使国际奥委会可提高其赞助费，获得高额收入。但其他未获得赞助资格的企业又不想错失重大体育赛事这一重要广告机会，往往通过搭顺风车的手段来混淆视听，使观众错以为其获得了赞助资格。例如在体育场馆外围发放纪念品、广告宣传册，摆放印有自己产品内容的巨幅广告，制作与正在进行的体育赛事颜色雷同的海报等，最大限度地争取品牌曝光，吸引观众的关注，获得同官方赞助商相同的影响。对此，国际奥委会已经出台文件，具体限定了奥运会中的埋伏营销行为。其主要指向所有故意或非故意地与奥林匹克运动或奥运会建立虚假的或非官方授权的商业联系的行为，如使用某种新颖的方式与奥运会建立虚假联系、非合作伙伴违反保护奥林匹克形象和标志的法律、非合作伙伴的行为影响了合法合作伙伴的营销行为等。类似的，国际知识产权协会也对此进行了回应，认为埋伏营销行为是指未经权利人授权，以从体育赛事中获利为目的，与大型体育赛事建立联系的营销、推广及广告行为。

  埋伏营销行为主要侵害了两方面的利益，一是体育赛事品牌本身的价值，二是体育赛事品牌的正式合作者的商业利益。前文已经分析过，前者是后者的基础，后者是前者利益的延伸。体育赛事以其自身的影响力为体育赛事品牌提供优良的宣传途径和宣传平台，后者虽可通过具体赞助的行为为前者增加资金支持，但本质上来说体育赛事品牌仍占据核心地位。之所以同时包括了侵犯赞助商的商业利益，是因为体育赛事商业权益与赞助商挂钩。埋伏营销以赛事为载体，给观众者造成一种假象，从而产生某种消费信赖利益,其所获利益实质是依靠赛事的品牌形象来扩大其产品的销路。在实践中,所有的此类行为背后,埋伏营销企业与赛事承办方没有任何协议约定,互相之间亦无任何的权利义务约定。从侵权构成要件来看,埋伏营销行为是埋伏营销人故意为之,其明知营销行为可能不当侵犯体育赛事品牌以及体育赛事品牌合作企业的权益,且其行为已经造成了损害的事实,并与后果构成了因果关系,因此它属于侵犯体育赛事品牌利益的行为。埋伏营销行为比较典型的例子是,在北京奥运会召开前,济南海关查获一批印有北京奥运会标志的侵犯知识产权货物。埋伏营销行为层出不穷,一直以来都是难以防范的行为。而且在相关法律不健全的情况下,在处理和鉴别埋伏营销实践时都无法可依。[1]

(二) 体育赛事中运动员肖像权的侵权行为

体育赛事的核心是运动员,体育赛事的品牌一方面也可视为运动员本身,换言之,对体育赛事中运动员权利的侵害就是对体育赛事品牌的侵害。运动员与体育赛事是不可分割的两个部分,体育赛事本身提升了运动员的价值,而在一定的程度上运动员的明星效应提升了体育赛事的品牌价值。体育赛事品牌与其所属运动员之间有着密切联系。一方面,体育赛事为运动员提供竞技环境与就业机会。在职业运动赛事中,体育赛事成为运动员获得收入的主要来源,这要求运动员服从体育赛事中的个性规章制度,服从体育赛事组织者的管理。另一方面,运动员为体育赛事的发展、发扬以及宣传做出贡献。一个优秀运动员的号召力是无穷尽的,能够凭借一己之力推动人们认识、参与体育赛事。这要求体育赛事本身应对运动员的各项权利进行保障,甚至对其进行超出一般员工意义上的保障。在美国,比较典型的是 20 世纪 90 年代,由于乔丹的出色表现和个人魅力,美国男子职业篮球联赛 (NBA) 从濒临解散的边缘人气大涨,并一直保持了

---

[1] 应华. 论体育赛事赞助的商业权利及其保护 [J]. 浙江体育科学, 2003 (4): 33-34, 39.

其吸引力和竞争力。一段时间以来，乔丹一直是 NBA 的标志，而乔丹也为了挽救 NBA 的影响力，两次退役之后又两度复出。同样在 NBA 中，为了拓展其世界范围内的业务，NBA 挑选了中国球员姚明、易建联加入，不仅球员本身的价值有所提高，而且 NBA 赛事在中国的品牌价值也一路狂升，迅速被人们熟知。同样的情形也发生在足球领域。西班牙联赛中引进了克里斯蒂亚诺·罗纳尔多，加上与之齐名的梅西，西班牙足球联赛的知名度一直攀升，超过了德甲和意甲，排在欧洲五大联赛的第二位。许多人对西班牙联赛的认识就等同于对梅西和克里斯蒂亚诺·罗纳尔多的认识。这说明，运动员直接影响了比赛的观赏度，并成为体育赛事品牌兴衰的一个重要因素，可以说，一个体育人物可能就代表了一个体育品牌。在此背景下，如果某个体育赛事的运动员肖像权被不当利用，不仅运动员本身的人身权受到了损害，而且直接影响了体育赛事品牌的利益。现实生活中，由于运动员的肖像具有公开性、公众性，很多企业就借此作为自己的宣传素材，从而间接侵犯了体育赛事品牌的权益。

两种侵权行为中，第一种侵权行为主要涉及知识产权问题，但现阶段并无可直接适用的法律。第二种侵权行为涉及人身权，主要靠侵权责任法调整。前者属于对体育赛事品牌的直接侵权，后者是对体育赛事品牌的间接侵权。现阶段，侵权责任法基本上可以对体育赛事品牌的间接侵权进行规范，而对体育赛事品牌的直接侵权并没有专门的法律予以调整。因此，从保护的必要性和紧迫性上来看，体育赛事品牌的保护应当限定在对第一种类型中体育赛事品牌利益的保护，相应的体育赛事知识产权保护模式也应当在此基础上展开。

二、体育赛事品牌保护模式

（一）立法保护

所谓立法保护，就是通过立法事先确定体育赛事知识产权保护的性质、途径,并对其内容进行规范的一种方式。我国属于典型的成文法国家,通过在先规定的成文法而非判例、习惯对体育赛事品牌进行保护是我国应当选择的基本方式。对此,又可以根据体育赛事品牌规定的法律类型将其分为集中化保护模式和分散式保护模式。

1. 集中化保护

所谓集中化保护,是指通过专门立法对体育赛事品牌进行保护。在体育赛事品牌的法律性质没有完全确定前,任何对体育赛事品牌有所保护的法律法规都应当纳入其保护模式的考量之中。针对体育赛事品牌实施法律保护的研究很早。伦敦1912年已经设立了《伦敦奥林匹克法》。美国于1978年通过《美国业余体育法》,主要为了保护奥运会相关标志。在我国,1995年颁布了《体育法》,在第35条中对体育赛事品牌的部分权益进行了规定。2002年,国务院颁布《奥林匹克标志保护条例》,专门对奥运会标志内容做出详细的解释,并对侵权行为制定了全面的约束条例,对2008年北京奥运会赛事品牌的各种权益予以保护。若是将特殊标志也作为体育赛事品牌的保护途径,那么早在1996年,国务院就颁布了《特殊标志管理条例》。[1]

现阶段的集中化保护模式中,体育赛事品牌的性质基本被界定为特殊标志,所适用的规范层级也比较低,基本上属于行政法规、政府规章及以下的内容。现阶段,集中化保护模式尚不够完整。

2. 分散化保护

分散化保护是指将体育赛事品牌分散至各部门法进行保护。此模式下,体育赛事品牌的性质更为模糊,有可能被认定为商号,也有可能被认定为商标。例如,有学者在论述体育赛事品牌保护时列举《民法典》《著

---

〔1〕《特殊标志管理条例》主要将经国务院批准举办的全国性和国际性的体育活动所使用的,由文字、图形组成的名称及缩写、会徽、吉祥物等标志列入其保护范围。经国务院批准代表中国参加国际性体育活动的组织所使用的名称、徽记、吉祥物等标志的保护,也可参照该条例的规定施行。

作权法》《商标法》《专利法》《反不正当竞争法》等,并认为《商标法》第15条就是对体育赛事品牌保护的一个具体表现。[1]以《民法典》的保护为例,其合同编中没有体育赛事品牌中赞助、冠名权的相关条款。侵权责任编中也没有关于体育品牌权益的特殊保护规范,尽管可根据侵权责任编关于权益的解释来保护体育赛事品牌,但仍过于抽象。

分散化的保护模式基本是将现阶段与体育赛事品牌相关的法律规范进行了列举,虽然可以说在"量"上或内容上比较充分,但所涉及的每一部法律中都没有针对体育赛事品牌进行单独、大篇幅的特殊性列举。更进一步而言,分散化保护模式是在论证体育赛事品牌应如何保护时,努力通过法律解释来适用部门法的法条。此方法虽在现阶段对体育赛事品牌的保护比较完整,但每一条规范的适用也都可能在司法实践中存在争议,这就造成虽然节省所谓的立法成本,但也会损耗相当多的司法成本,尤其在复杂案件经历一审、二审及再审时。例如前文列举的深圳引领平安公司诉中超联赛公司与平安保险一案中,对于体育赛事品牌中所附属的冠名权究竟应属于何种性质就产生了明显的争议,而若通过立法对体育赛事品牌及其与冠名、商标、特殊标志的关系进行厘清,则会减少类似的争议。总而言之,体育赛事品牌的发展是体育产业、体育事业高速发展的一个产物,现有法律体系并没有迅速对其做出反应,分散化保护模式也只是在其性质不清时不得已而为的保护模式。

(二)司法保护

所谓司法保护模式,是指通过判例或习惯对体育赛事品牌进行保护的一种方式。司法保护模式是相对于立法保护模式而言的,其可能存在于两种情境下。第一种即英美法系以判例法、习惯法作为主要法律渊源,由法

---

[1] 该条规定,未经授权,代理人或者代表人以自己的名义将被代理人或者被代表人的商标进行注册,被代理人或者被代表人提出异议的,不予注册并禁止使用。这条规定使得体育赛事的商标得到有力的保护。参见潘建华.体育赛事品牌的法律保护研究[J].西安体育学院学报,2010(2):158-161.

院在个案中对体育赛事品牌进行裁判从而对其进行保护。第二种即在大陆法系国家，在成文法没有具体规定体育赛事品牌保护方式的情形下，因法官不能拒绝裁判，而必须对以体育赛事品牌为核心产生的纠纷进行裁判从而加以保护的模式。可以说前一种情境是英美法系的当然之意，后一种则是成文法国家立法滞后的一种表现。我国属于第二种情形，即对体育赛事品牌存在立法上的缺位，因此需要通过具体司法裁判明确体育赛事品牌究竟应当如何保护。

司法保护模式依靠具体司法裁判进行保护，将保护分散到具体案件中，其主要通过对侵权案件和合同案件进行裁判的方式对体育赛事品牌进行保护。正如第一章所提到的，分散化保护模式的弊端在于保护力度、保护程度以及保护对象会有所差别。这不仅由于个案的裁判者拥有自由裁量权，还在于对体育赛事品牌的内容、形式以及保护程度缺乏规定。我们对体育赛事的品牌需要保护这一点已经达成了共识，但未对体育赛事品牌保护的具体内容做出可行性的研究，至少也未在理论上达成共识。而通过合同化模式，即通过保护获得体育赛事品牌利益的相对方来保护体育赛事品牌这一途径，本质上仍然归属于传统的民法范畴，未将其知识产权属性独立出来，从而也就无法为理论上的进一步抽象化提供帮助。此外，以司法保护模式来保护体育赛事品牌，会进一步放大我国四级两审制中司法裁判不统一、同案不同判的弊端，这一点已经长期困扰我国一般民商事案件裁判，对体育赛事品牌保护也同样造成了影响。

立法保护模式与司法保护模式有着重要的联系。立法保护模式将体育赛事品牌的性质、内容固定下来，对于其产生的争议也可在立法时消解，有利于司法迅速裁判，顺利地解决体育赛事品牌的纠纷。其中，集中化的保护模式与分散化的保护模式相比，其立法成本更高，而后者则更依赖现行法律的有效解释。当我们将立法保护模式与司法保护模式结合起来时可以发现，集中化保护模式相对于分散化保护模式更有利于保持裁判的统一，实现司法的公正。因此，从保障司法裁判的角度来看，立法保护模式具体类型的选择还是有所差别的。

三、体育赛事品牌保护的具体路径

体育赛事品牌保护的具体路径应包含两部分的内容。第一是体育赛事品牌的法律性质，第二是体育赛事品牌的保护模式。对于体育赛事品牌的法律性质，本章第二节已经进行了讨论，从讨论结果来看，商标、商号以及商品化权三种保护方式有一个共同的特点，即将体育赛事作为一种商业活动的特定价值载体，这一定位使体育赛事品牌的保护等同于一般商业品牌的保护。这种保护模式虽然有利于体育赛事募集资金、带动经济发展，但是将体育赛事商业化，减损了其作为文化和交流载体的价值，背离了体育发展的初衷，也背离了体育的基本精神。体育赛事品牌属特殊化标志的观点虽然也涉及了部分商业化的因素，但无论是我国已经颁布的《特殊标志管理条例》，还是理论讨论，都认可特殊标志可能涉及公共利益，这正好可与体育赛事内在的公益性相匹配。因此，体育赛事品牌的法律性质应为特殊标志。

对于体育赛事品牌的保护模式，前文已有阐释。在集中化立法模式和分散化立法模式中，前者对体育赛事来说更具针对性，后者则可能产生法律适用上的冲突或不适用性。虽然理论上对体育赛事品牌性质的认定有所争议，但现阶段在我国分散化的立法模式下，体育赛事品牌的保护确实不够充分。因此，通过集中化的立法模式来确立体育赛事品牌的具体法律规范实为比较理想的办法。建立单行的体育赛事品牌保护法是集中化立法模式下的不二选择。

但是，就现阶段而言，体育赛事品牌单行法缺位、立法保护模式呈现分散化，其不得不更多地依靠司法保护模式来弥补或推动体育赛事品牌的保护。这就需要司法程序能给体育赛事品牌的特殊化保护提供途径。在司法保护模式中,对体育赛事品牌保护影响最深的就是审级制度,但囿于我国《民事诉讼法》规定的四级二审制模式,体育赛事品牌的侵权或涉及体育赛事品牌的合同纠纷不能经由专门的法院审理,而最多经由知识产权法院审理。即使可以将体育赛事品牌归为知识产权,也只能依附于知识产权法院。在司法体制改革成本高、耗时长的基本规律下,设立专门的体育法院并不现实,而比较能够令人接受的做法是借助司法改革中的知识产权法院,在现有的知识产权法院中设立专门的体育法庭,对涉及体育赛事品牌的纠纷进行审理,综合侵权与合同等具体案由,避免体育赛事品牌纠纷审理的分散化,统一司法裁量权,保障和促进涉及体育赛事品牌纠纷的法律裁判公正。

四、体育赛事品牌保护的具体内容

体育赛事品牌保护的具体内容可看作是体育赛事作为特殊标志所应具备的具体权利内容。在未来建立独立的体育赛事品牌保护法的设想下,体育赛事品牌应具备以下具体的保护内容。

第一,承认体育赛事品牌为特殊标志,并将体育赛事品牌明确规定为知识产权的内容之一。通过知识产权的一般原理将其定义为以财产属性为主的独占权,并明确其具有公益性色彩。

第二,明确体育赛事品牌权利的享有人。体育赛事品牌的组织者为体育赛事品牌的唯一权利人,享有占有、使用、许可使用体育赛事品牌的权利。当然,将体育赛事组织者作为体育赛事品牌的享有人只是确定了其民事权利的主体地位。一个赛事结束之后,其组织者可能也会同时解散,若发生纠纷,则缺乏相应主体来主张权利。此时,可通过立法规定具有公益性的体育组织或体育主管部门针对体育赛事品牌侵权提起诉讼,使有资格的公益性组织或体育主管部门获得相应的诉讼实施权,避免出现赛事结束后赛事品牌利益无人维护的情况。具体赛事品牌的组织者及归属者可划分为常设性组织和临时性组织。例如中国足协、中国篮协等属于常设性组织，此时该组织当然享有体育组织者的地位，对此无须另行申报。而对于临时性组织，则应要求其进行登记，登记后方可获得相应的体育赛事品牌的权利。如果不采取临时性登记的模式，那么可以在临时性赛事组织解散后，由当地的体育主管部门代其维护体育赛事品牌的利益。

第三，明确体育赛事品牌的具体表现形式。体育赛事品牌往往以具体的文字为基础，并辅以特定的符号、图片甚至口号。为了方便体育赛事品牌的保护，应当通过具体列举与抽象概括相结合的方式确定体育赛事品牌的具体表现形式，包括但不限于文字、缩写、图片、符号、吉祥物、宣传语、宣传口号、宣传视频、赛事歌曲等。

第四，明确体育赛事品牌的具体权能。结合理论与实践，体育赛事品牌的具体权能主要包括三个方面。其一，专有使用权。专有使用权包括公益性使用权和商业性使用权。前者主要是指在体育赛事宣传或相应的公益活动中适用体育赛事标志的权利；后者主要是指在体育赛事附属性的商业开发中适用体育赛事品牌的权利。其二，许可使用权。许可使用权主要是指经过体育赛事组织者的许可在公益或商业活动中使用的权利。一般而言，体育赛事品牌的许可适用都以明示许可为准，以签订相应的合同并在合同规定的范围内进行许可。体育赛事的许可分为独占性许可和普通许可，独占性许可即以被许可方为唯一许可方，被许可使用的途径不再许可其他任何主体，普通许可则不限制同一途径下被许可主体的个数。一般而言，独占性许可的主体所付对价远远高于普通许可，但普通许可对体育赛事品牌的宣传更为有利。许可的具体形式包括赞助、冠名、合作伙伴等，但应以许可合同的约定为前提。其三，租借权。租借权是指体育赛事组织者将体育赛事品牌出租给特定商家，由商家在其商业活动中使用，并支付对价。租借权与许可使用权类似，但其形式属于整体性租借，租借具有相对性，只能对单一主体发生效力，与特许使用主体具有多样性存在明显区别。在体育赛事品牌因具有人身性而不可转让的限定下，租借似乎仍属私法范围而不能被完全否决，故通过租借来获得收益在现阶段也应属于体育赛事品牌权利的内容之一。

本章小结

体育赛事品牌的性质是设定体育赛事品牌规范的前提，理论上的商标理论、商号理论以及特殊标志理论均试图给体育赛事品牌提供一个合理化的解释框架。其中，商标理论与商号理论可以从现行法上找到部分依据，其在实践中也得到部分适用，但无法突出体育内在的部分非商业化内涵，也会因商号过多地依赖合同法理论而使体育赛事品牌从一种特定的、客观的权利变成一个简单合同行为或民事法律行为。因此，将体育赛事品牌作为一种特定的受到限制的知识产权类型，更有利于对其进行针对性的保护。

我国对体育赛事品牌的保护并不采用集中化模式，而是更多地依赖散见于《商标法》《反不正当竞争法》中的条文进行规范，保护力度不强，增加了保护的不确定性，更无法统一体育赛事品牌保护的司法裁判。因此，将体育赛事品牌在理论上限定为特殊的知识产权，并将其以特定的权利模式展开立法，方可有利于体育赛事品牌的保护。

第四章
体育赛事商业秘密知识产权保护

第一节 体育赛事商业秘密概述

体育赛事以竞技为内容，缺少了竞技，体育赛事就沦为表演，不能被称为体育。在体育赛事中，只有展现出运动员最高的竞技水平，方可达到体育赛事举办的效果，同时也可吸引更多的观众观看、参加体育赛事。为了在比赛中取得竞技的胜利，参赛队员要不断提高自身的竞技能力，而这不仅需要运动员付出辛苦的努力，还需要教练员和其他科研人员共同的帮助。现阶段，体育赛事已经从单纯的比拼天赋转变为科学地提高竞技能力和技战术水平。从直观上来看，除了直接参赛的运动员外，还有支撑该运动员或参赛队的团队，这些团队包括但不限于教练、训练师、队医、比赛分析师、陪练、营养师等。运动员或参赛队的赛场表现是整个团队共同努力的结果，每个运动员或参赛队都有不同的比赛战术、比赛策略、膳食食谱等。在国际体坛，体育间谍已经出现多年，并在历次大型运动会，特别是重点体育项目中进行各种各样的活动，搜集、刺探竞争对手的训练方法。[1]可以说，现代体育赛事的竞技已经演变为体育团队之间的比拼，而体育团队提供的就是专门的体育技术、体育战术甚至体育技巧。体育技

---

[1] 周在群.二十世纪体坛背后的秘密——体育间谍，穿梭赛场的神秘客[J].法律与生活，2001（2）：72-75.

术、体育战术等专门性策略是从事体育运动的人员长时间积累、研究的结果，凝结了体育从业者的智慧与劳动，正是有了这些智慧与劳动，体育竞技水平才得以不断地提高。正如有学者提到的，对体育训练方法的知识产权进行保护，是对体育工作者的尊重，可减少非道德竞争，减少通过不正当手段、不正当途径搜集对手相关体育技术的行为，提高体育科研人员的积极性。[1]

例如，我国乒乓球队长期在世界级赛事中获得冠军，其原因不仅在于乒乓球是我国的国球，更在于我国乒乓球技术水平的持续提高。在男乒国家队中，教练员会针对各个国家的所有不同类型的对手制定细致的应对策略，模仿其他国家运动员的打法进行队内模拟。在美国男子职业篮球联赛中，每个球队都有一个专门的录像剪辑师团队，由这个团队对自己及对手的比赛录像进行剪辑，并制作分析报告，这促使球队不断纠正错误，创新出大量的新型战术，帮助其在比赛中长期领先于其他国家。要想发展体育，取得好的成绩，就必须重视并利用体育竞赛技术。我国已经认识到了体育竞技技术的重要性。2008年北京奥运会，我国共有17个项目聘请国外教练执教。在引入国外教练和运动员的同时，我国也有不少教练和运动员"走出去"，越来越多的国内知名教练到国外执教，也有一些运动员出国学习国外先进的培养模式和训练方法。由此可见，先进体育技术在体育产业中发挥着重要的作用，将这些先进的体育技术纳入正常的体育运动轨道中，保护并促进体育竞技技术的发展，需要在道德和法律层面完善管理规则。体育赛事中涌现出来的体育专有技术，凝结了教练员、运动员等人的辛勤劳动。目前，对于体育竞技技术的定位比较模糊，理论上虽对此有所讨论，但仍不能明确界定这些专有技术的性质，尤其是不能将其纳入我国知识产权法的保护。在理论上倾向于从商业秘密和非专利性技术两个不

---

[1] 胡峰，刘强. 体育训练方法的商业秘密保护 [J]. 武汉体育学院学报，2006 (3)：6-9.

同的层面对体育竞技的技术进行讨论。[1]例如有学者通过对欧盟2013年颁布的《欧洲议会和理事会关于保护未披露的专有技术和商业信息（商业秘密）以防被非法获取、使用和披露指令的提案》进行分析,[2]认为商业秘密的范围要比专有技术更加广泛，商业秘密除了包含专有技术外，还包含一些商业信息等。[3]

本书认为，非专利性技术的内涵与外延都非常模糊，尤其是容易产生"非专利性技术并非专利，故不值得保护"这样一种论断；而"体育赛事商业秘密"一词则不仅可以涵盖体育竞技技术，还可囊括纯竞技之外的运动员招募、训练饮食、管理方法、商业模式等方面。在理论上，从世界范围看，有时并不能对商业秘密和专有技术这两个概念进行严格区分，实践中也会对这两个概念进行混同使用，因二者均具有经济价值的共同点，将其区分也不太容易。在我国，其实也在混同使用这两个概念，虽然学术界一直强调突出专有技术的地位，但参照商业秘密对其进行保护、研究也非常普遍。[4]

有学者明确指出，体育专有技术具有秘密性的特点，可以受《反不正当竞争法》的商业秘密保护，实质已经认同了体育专有技术的商业秘密特征。[5]在体育产业已经作为我国重点发展产业的背景下，体育的商业性特征愈发明显，若能利用体育赛事商业秘密这一具有更丰富内涵的概念来认识体育赛事中那些具有保密性的信息、技术，则更具有实践意义，

---

[1] 鲍明晓. 略论社会主义市场经济对体育事业的震撼[J]. 北京体育师范学院学报, 1996(4): 27-31.

[2] 提案中表示：如果有企业或者科研机构想要采取措施保护他们的知识，而且这些知识具有秘密性、经济价值，那么这些"未披露的专有技术和商业信息"就变成商业秘密。根据这段话的阐述可以看出，商业秘密的范围要比专有技术更加广泛，商业秘密除了包含专有技术外，还包含一些商业信息等。

[3] 孙浩. 体育知识产权问题研究[D]. 北京：北京邮电大学, 2017.

[4] 孙浩. 体育知识产权问题研究[D]. 北京：北京邮电大学, 2017.

[5] 张玉超, 张治国. 我国体育专有技术的法律性质及保护对策[J]. 武汉体育学院学报, 2011 (3): 32-39.

也更加值得通过法律予以保障,故本章将体育赛事商业秘密作为中心展开论述。

一、体育赛事商业秘密的界定

体育赛事商业秘密,是指体育赛事中所涉及或表现出来的有利于提高竞技水平的专业化技术,以及能够获得商业利益的模式。体育赛事商业秘密的核心是能够为体育赛事本身带来商业价值。前文已述,体育具有公益性与商业性,故仅从公益性而言,体育应保证公开、公平、公正,从这一角度来看,体育赛事不应当有任何商业秘密可言。但体育赛事已经不可避免地与商业行为相联系,而其之所以可以吸引商业投资,原因在于体育赛事能够为商业提供盈利。如果所有的体育赛事都千篇一律,那么体育赛事之间也就没有竞争的必要,其对商业的吸引力也会大打折扣。因此,每项体育赛事都会或多或少地表现出与其他赛事不同且不可复制的地方,这一不为人所知的领域就被称为秘密,即本书所提及的体育赛事商业秘密。

谈及体育赛事商业秘密,必须将其与知识产权法上的商业秘密概念进行比较。简而言之,商业秘密是指"商业领域上的""未公开的信息"。我国《反不正当竞争法》第9条规定,商业秘密是指不为公众所知悉、具有商业价值并经权利人采取相应保密措施的技术信息、经营信息等商业信息。至此,商业秘密可以具体化为三个特征,即秘密性、价值性和保密性。秘密性是指信息不为公众所知悉,若公开,则不能称之为秘密。价值性是指其能为权利人带来经济利益,如节省开支、降低成本、增加市场占有率等。保密性是指权利人努力对其信息做出一定的保护,以避免其为外人所知晓。随着时代的发展,商业秘密已经不再局限于被保护,而是积极地在市场中进行流转,由此产生了一种新的知识产权类型——商业秘密权。其具体内容就是指权利人享有的对其商业秘密的占有、使用、收益、处分的权利。[1]对比体育赛事商业秘密与商业秘密,前者是后者的一个组成部分,是后者在体育赛事领域的具体表现形式。针对体育赛事商业秘密,其在保有商业秘密的基本特点的前提下也有其个性化的一面。

理论上,体育赛事商业秘密还必须与体育非专利技术相区别,本章引言已略做分析。体育非专利技术是与体育密切相关,被体育赛事组织或个人所掌握的能够为其带来精神及物质利益的技术、方法等。有学者对体育非专利技术的特点进行了详细论述,主要包括先进性、智慧性、非独占性等多个特性。[2]仅从体育非专利技术的特点来看,其与商业秘密或体育赛事商业秘密并无太大的差别,不同之处主要在于体育赛事商业秘密更强调体育赛事的过程性,而体育赛事非专利技术则强调运动员或运动队的主体性。从体育赛事商业秘密这一表述来看,其强调的是商业,即能够给商业带来增益的所有客体,当然包括某些先进的商业模式;而体育非专利技术的表述则更侧重于体育方法或体育科学上对体育竞技能力的提高。可以说,在法学研究中,体育赛事商业秘密与体育非专利技术的研究均属于知识产权或体育赛事知识产权的研究范畴,故二者在最终的法律适用上会有一定的交叉重合。

二、体育赛事商业秘密的特点

体育赛事商业秘密有普通商业秘密所具备的秘密性、价值性和保密性的特点。在这个基础上,体育赛事商业秘密还有以下几个重要特点。

(一)体育赛事商业秘密以体育为内容

体育赛事商业秘密以体育为内容,不能脱离体育范畴。体育是一个非常抽象的概念,其不但涉及多种体育活动项目,还涉及体育产业及体育商业。为了不将体育赛事商业秘密的范围无限扩大,至少应从以下几个方面

---

[1] 吴汉东.知识产权法[M].北京:中国政法大学出版社,2014:331.
[2] 马法超.体育相关无形财产权问题研究[D].北京:北京体育大学,2007.

来限定体育赛事商业秘密。

首先,体育赛事商业秘密有助于某项体育活动的发展。例如科学、健康的营养食品有利于提高运动员的肌肉力量,防止运动员过度疲劳,帮助运动员恢复体力,看似仅涉及饮食健康而非体育,但若其作为某项体育项目中运动员提高成绩的秘诀且被保护,那么它就应当属于体育赛事商业秘密的内容。再如,美国男子职业篮球联赛的每个球队都有球队医疗组,负责给队员治疗伤病,而每个球队的治疗水平不同,且这些治疗方式是不会在球队之间共享的。被视为乔丹接班人的格兰特·希尔在职业生涯初期就遭受了巨大的伤病,彼时其在奥兰多魔术队效力,不但伤病未能痊愈,反而愈发严重,一度萌生退役的念头。这时,菲尼克斯太阳队邀请其加盟,并主动向其展示了球队的医疗水平。格兰特·希尔在加盟太阳队之后,身体迅速恢复,摆脱了伤病的困扰,且多个赛季都可保持全勤,甚至被称为"铁人"。可见,良好的医疗技术和治疗方式本应属于专利或医学专利的范围内,但当其与体育结合,就会产生体育上的价值,故也应属于体育赛事商业秘密的保护范围。

其次,体育赛事商业秘密有利于保护参加或组织体育活动的主体的利益。例如,每一届重大体育赛事如奥运会、单项世界杯、世锦赛都会经历一个漫长的申报过程,在此过程中每一个申办国都需提交一份申办书,其中涉及体育赛事组织、策划、场馆安排、后勤保障、安全保障等,且每一个申办国提交的申办书内容也是经过长期分析研究得来的,并不被其他申办国知晓。试想,如果申办国彼此之间都知道各自申办的内容,那么只要在对方申请书上进行改进,就会取得绝对优势,从而提高申办成功的概率。所以,体育活动或体育赛事中特定的策划、组织方法、方案也属于体育赛事商业秘密的范畴。

最后,体育赛事商业秘密有商业利益实现的可能性。此处所说体育赛事商业秘密可实现商业利益,并非指体育赛事商业秘密一定会转化成商业

第四章 体育赛事商业秘密知识产权保护

利益,而在于其具有转化的可能性。特定的技术信息和经营信息要成为商业秘密,必须具备转化为经济利益的可能性。由于商业秘密的取得不需经过类似专利的申请、审查、公示等复杂过程,故此构成要件成为商业秘密中最为重要的部分。[1]例如,前文提到的运动员营养餐的开发,现阶段可能只限于某个球队或某个运动员,其受益主体有限,并不能转化为商业利益。但从理论上看,若将此营养餐的开发市场化,其完全可以以一定的对价流转,或以合同的方式被传授给需要此种营养餐的主体,甚至也可以作为商业性课程的授课内容。美国男子职业篮球联赛的球探系统也可以此作为球队间交易的筹码,为球队谋得商业利益。

(二)体育赛事商业秘密以体育赛事为载体

没有体育赛事,体育赛事商业秘密就只能被称为商业秘密。现阶段,体育仍属于民众的一种生活方式,而生活方式是人们的选择,虽然也有竞争,但仍属于娱乐范畴。但是在体育赛事中,从赛事组织到运动员再到后勤保障,都充满了竞争,只有在这种竞争性的环境下,体育赛事商业秘密才有生存和应用的空间。从体育赛事的组织者角度来看,一次成功的体育赛事必须具有竞争性,包含竞争对手没有的组织与策划方式,这对于体育赛事组织者来说就是体育赛事商业秘密。从参赛运动员及参赛队角度来说,其总是想在比赛中出奇制胜,获得胜利,这既要求运动员做到全方位的提高,刻苦训练,也需要某些"秘密武器",如新奇的技战术、高科技的训练方法、科学的评估方式等,这些"秘密武器"就是运动员和参赛队的体育赛事商业秘密。从后勤保障角度看,需要为体育赛事及运动员提供良好、可持续的服务,千篇一律的体育赛事只能在竞争中落后,故需要拥有异于他人的"绝招",良好的餐饮服务、舒适的休息环境等"绝招"就是体育赛事后勤保障的商业秘密。

体育赛事是体育赛事商业秘密的载体,其不仅表现在体育赛事开始的

---

[1] 张玉瑞. 商业秘密法学 [M]. 北京:中国法制出版社,1999:152.

时候，而且表现在体育赛事开始前，甚至在体育赛事周期性备战期间。这说明，体育赛事商业秘密的保护时间具有不确定性，在大型赛事尤其是联赛中，一个商业秘密往往能够一直持续下去，这与后文将提到的体育赛事商业秘密的即时性特点不同。因此，在对体育赛事商业秘密实施保护时，不仅应强调对体育赛事进行时的商业秘密的保护，还应对体育赛事准备时的商业秘密进行保护。

（三）体育赛事商业秘密具有公益性

传统的商业秘密保护，是某一商业主体为了通过垄断化的技术获得商业利益，其虽然在整体上推动了某些行业的发展，但永远是将商业利益即私益排在公益之前的。而体育赛事商业秘密看似遵从了传统商业秘密的特点，但其实际是在与体育这一特殊领域相结合之后，将公益排在了私益之前。体育赛事商业秘密推动了体育事业的发展，体育事业又对社会发展有着积极的作用，故从整体来看，体育赛事商业秘密具有公益性。此处提到的公益性并非指体育赛事商业秘密就不是秘密了，其仍然具有不公开性，也仍然需要权利主体的保护。其意义在于，体育赛事商业秘密的存在使体育赛事形成了良性的竞争，部分体育赛事组织者为了增加影响力，必然要创新组织形式，创新比赛的策划等，奥运会的申办也是如此。此时，若不承认体育赛事商业秘密，不对体育赛事商业秘密进行保护，那么刚刚创制出的新组织形式和比赛策划都会被毫无保留地被复制、重复。这虽然实现了新组织形式和比赛策划的推广，但实际上已经限制了主体创新的动力。因为即使进行了创新，其创新的结果也会被轻易拿走。如此一来，社会的整体创新动力就会减弱，也会影响整个体育事业的发展。在具体的体育竞技中也是如此。例如，一种新的训练方法是体育从业者长期研究的结果，凝结了体育从业者的心血，若其可以毫无保留地被人掌握并使用，则体育从业者也必然没有动力继续进行创新，体育竞技水平也不会你追我赶式地提高，只能渐渐趋于平庸。以承认体育赛事商业秘密来换取更高层次、更广范围的体育赛事水平的提高,因此,体育赛事商业秘密本质上是有利于体育水平的提高的。

(四) 体育赛事商业秘密具有即时性

商业秘密本身包括情报、信息。体育或体育赛事中的情报信息同样至关重要,属于体育赛事商业秘密的一种。商业秘密较之专利权保护具有非公开性、获得权利无需经过审查批准、没有保护期限限制及维持费用较低等优势。[1]但体育赛事商业秘密的特殊性在于,在有的体育赛事中,情报信息具有即时性,一旦超过了一定期限或时间,某些至关重要的情报信息就不再具有被保护的可能性,也不能再被称为商业秘密。例如,美国男子职业篮球联赛每年都会举行全球性的选秀大会,选秀大会前,各个球队都会派出球探寻找、发现优秀的年轻篮球运动员。此时,对某个球员的评估尤其是对优秀的海外球员的评估就成为各球队竞争的焦点。圣安东尼奥马刺队就有一套较为完善的球探系统,其利用此系统发现了包括帕克、吉诺比利、斯普利特等在内的多位优秀的国际球员,大幅度提高了马刺队的水平。发现、收集到的这些球员的信息实际上就成为体育赛事商业秘密的一部分,而这些信息在各个球队间是不会共享的,且需要受到严格的保护。这就可以回答为什么每次选秀大会之前总是很难预测球队最终会选择的球员。同样的情形也发生在足球领域。在 2018 年中超联赛开赛前的外援引进方面,北京国安队与广州恒大队就因外援的引进发生争执。北京国安队已经与效力于斯图加特队的奥巴梅扬进行了长达两个月的接触,但是临近合同签订时,广州恒大队不知从何处得到了该消息,也加入了奥巴梅扬的争夺战之中,并直接加价 20%,本已与北京国安队谈妥的奥巴梅扬突然开始与广州恒大队频繁接触。尽管最终奥巴梅扬因中国足协设置了严格的引援调解费而未转会到广州恒大队,但这一事件也揭示出引援过程中对体育赛事商业秘密保护的重要性。北京国安队对引援工作的保密性做得不够,进

---

[1] 吴汉东. 知识产权法 [M]. 北京:法律出版社,2014:329.

而被竞争对手知悉,险些遭受重大损失。相反,广州恒大队在引进主教练斯科拉里、队员高拉特的过程中,保密工作就做得非常出色,直至官宣时其他竞争球队才知晓这一信息。从以上两个具体案例可以看出,发现、招募运动员成为现代体育中非常重要的一部分,引援策略或引援目标成为重要的体育赛事商业秘密。但是,引援工作的相关信息具有时效性,它不会长期存在,而只在半年或者几个月的时间内有效,过期则不再具有任何价值。因此,从这一点来看,体育赛事商业秘密因体育赛事的周期变换和代际更替有着明显的时效性,已过时效的体育信息也不再称得上是商业秘密。

第二节 体育赛事商业秘密的保护对象

体育赛事商业秘密范围广阔,在满足体育赛事商业秘密特点的前提下,多种形式的信息、技术乃至商业模式都有可能成为体育赛事商业秘密。实践中,许多体育赛事商业秘密的类型已经被人们认可,并通过特定方式予以保护。以下对主要的体育赛事商业秘密类型进行讨论。

一、体育商业模式

所谓体育商业模式,是指体育组织或体育企业运营、经营体育赛事或体育产业时所采取的模式。"商业模式"一词并非法律用语,亦很难在体育法中找到相对应的概念。有学者用"体育经营秘密"一词指代体育赛事商业秘密,并认为其与体育产业密切相关,具体可表现为赞助方案、营销方案、吉祥物设计方案、宣传方案及纪念品设计售卖方案等。该学者还提到,此类权利享有的主体为相关的体育机构,如体育科技公司、大型赛事的体育经营团队等。[1]

---

[1] 黄盛楠. 体育专有技术的法律保护 [D]. 北京:北京化工大学,2015.

第四章　体育赛事商业秘密知识产权保护

本书并不是要讨论复杂的体育商业模式，而是想将此模式作为体育赛事商业秘密的保护对象之一。商业模式是管理学中的概念，主要指创意，即通过创造性的自愿组合来发掘市场需求的可能性，由此创造出新的途径来获取利润。简而言之，商业模式就是通过新颖的方式吸引大众，创造利润。随着市场化的进一步加深，体育与商业的结合更加紧密，如何通过体育来获取利润成为许多体育企业关注的重点。一般而言，一种新颖的体育商业模式可以在体育的基础上创造丰厚的利润。比较典型的体育商业模式是通过实体店铺销售体育商品，最早是销售大型赛事的纪念品、吉祥物、运动员的同款球衣球鞋以及相应的体育产品。随着互联网的发展，依靠互联网参与体育赛事的竞猜、互动留言以及上传相关视频也成为一种新的商业模式。每一种新的商业模式的出现，都带来了体育产业的发展，若被其享有的主体所保护，则不被人知晓，即成为所谓体育赛事商业秘密的一种。[1]

但是，商业模式是否可以被复制以及在多大程度上能够被复制在理论上没有达成一致，至今也没有一种途径可以固定某种商业模式并保护其不被复制，这也可以解释为何一种新颖的商业模式可以非常迅速地被传播开来。体育商业模式还有一个特点，即其必须与体育或体育赛事相结合，这在一定程度上限制了其传播速度。例如，奥运会的商业模式就非常典型，其通过与申办方合作对整个收入进行分成，从而获得最终盈利。这一模式比较典型，并被许多单项赛事甚至洲际赛事效仿，最终成为体育界的基本商业模式。可见，体育商业模式确实有成为体育赛事商业秘密的可能性，不过由于商业模式的可控性太弱、公示性太强，商业秘密所谓的保护性难

---

〔1〕 体育商业模式的内容一般包括体育组织机构、企业和团体的组织结构、经营决策、财务决策、质量控制方法、经营方案、发展战略规划、运动竞赛管理系统及方法、营销网络、客户名单、销售方法等。体育赛事竞赛计划主要是重大运动竞赛，尤其是奥运会、世界杯足球赛这样规模巨大的运动竞赛计划。成熟而完整的编排计划是历届众多专业技术人员积累的智力劳动成果，是知识、经验、科技等集体智慧的结晶，也是重要的体育经营信息。

度就加大,但却不能因此就完全否定其存在的可能性,其理论意义大于实践意义,可将其称为非典型的体育赛事商业秘密类型。

二、运动员信息

运动员信息包含两方面的内容,一方面是运动员选拔信息,另一方面是运动员参赛信息。体育竞争本质上是人才的竞争,故如何挑选运动员成为体育竞争中的重点。在运动员选拔信息方面,相关研究表明,优秀的运动员不仅需要后天的刻苦锻炼,对于其天赋的选拔要求亦十分严格。因此,现阶段对运动员选拔也变得日益标准化、科学化,各种项目对运动员的选择几乎都达到标准化与特定化,选择因素也愈发细致甚至已达到基因层面。尤其是在那些大家水平相当的项目上,天赋尤其重要。如何选择、选拔何种人才、采用何种选择模式,甚至上升至战略高度。前文也提到,美国男子职业篮球联赛的每个球队都有专业的球探,远赴世界各国挑选运动员。如何挑选运动员、所挑选人员的信息均属于秘密,不对外公开,直到选秀当天才能公开,其实质即为商业秘密。选才技术和方法的重要性毋庸置疑,我们也熟知诸如博尔特、邓亚萍等成功的选拔案例。这充分说明,基于不同的选才标准培养出来的运动员取得的成绩也有天壤之别。但是,大部分人只知道选拔的结果,对其选拔过程一无所知。如何选拔运动员、优秀运动员选拔技术和方法究竟基于什么样的标准、具体精确到什么程度、需要考虑哪些指标仍然是处于秘密状态而不为外界所知。这些信息仅仅保留在那些参与选拔的教练员手中,属于体育赛事商业秘密的组成部分。在运动员参赛信息方面,比赛对手的信息对于一场比赛来说至关重要,在不知晓对方队员信息的情况下,无法针对其做出相应的战术安排,往往会使本方处于被动地位,正所谓知己知彼百战不殆。每项赛事、每场比赛,教练员都会尽可能地搜集对方队员的信息,并制定有针对性的战术,同时保护好本方队员的信息。在体育职业化之后,几乎所有比赛队员的信息都可以被轻易查到，但其公开性还是不能完全反映每位队员在比赛中的全面信息。例如，1995年第43届世乒赛中，中国队在决赛中对战瑞典队，大比分1∶1之后，中国队派出丁松迎战，丁松最终战胜了瑞典名将卡尔松，取得关键一分，中国队也以3∶2的大比分赢得了冠军。彼时，丁松仅是中国队的第三单打，虽在参赛队员之列，但没有打过几场比赛，瑞典队对其没有研究，比赛时卡尔松对丁松的球路非常不适应，最终败下阵来。从此丁松被冠以"秘密武器"的称号。又如2001年美国男子职业篮球联赛总决赛中，洛杉矶湖人队对阵费城76人队。湖人队为了限制76人队的当家球星艾弗森，专门派出了身高与艾弗森一样的泰伦卢，泰伦卢在整个系列赛中紧紧黏住艾弗森，每当76人队要起势，教练就派泰伦卢上场。最终，湖人队赢得了整个系列赛，泰伦卢也被人们所牢记。丁松和泰伦卢并不是隐形人，也不是第一次出现在赛场上，但其具体信息尤其是比赛信息并不为人所熟知，在特定比赛中，这种信息就发挥出巨大的作用，成为取得胜利的关键。因此，参赛运动员的信息也属于体育赛事商业秘密之一，侵犯或不正当地获取参赛运动员的信息应当被视为侵犯体育赛事商业秘密的行为。

三、技战术

技战术是体育赛事中的重要一环，其选择和执行会影响比赛的结果。随着时代的发展，体育竞技不再局限于肌肉与体能的对抗，在运动员的培养和训练逐渐趋同且运动员的水平相差不大的情况下，技战术成为决胜的根本。技战术又可分为集体项目的技战术和单人项目的技战术。集体项目的技战术中，又以球类运动最为典型。在足球领域，20世纪80年代，荷兰国家队创制了全攻全守战术，即不再严格地区分场上队员的攻防职能，进攻时，除了守门员之外场上球员全都参与，而防守时场上球员也都全部参与。这套技战术不但具有极强的观赏性，赢得了观众的喜爱，而且使对手十分不适应，荷兰队也凭借此项技战术获得了1988年欧洲杯冠军，这一技战术也成为各个国家争相模仿的战术。再如由西班牙巴塞罗那队所创制的高位逼抢战术。在传统的足球战术下，队员在防守时基本退缩在自己的半场中，而巴塞罗那队在瓜迪奥拉执教期间采取了前场高位逼抢战术，对方在后场传导或己方在前场丢球时，由己方的前锋和中场球员就地反抢，使对方后卫队员不能轻松地处理球，逼迫其大脚传球，从而延缓其进攻，在能够逼得球权时直接发动进攻。此战术一问世就取得了巨大的成功，瓜迪奥拉治下的球队也被称为"宇宙队"，横扫欧洲足坛，其他球队在高位逼抢战术下显得无能为力。此战术也被竞相模仿学习。现阶段，英格兰的曼城队及利物浦队、德国的拜仁慕尼黑队、意大利的尤文图斯队等顶级球队都采用了高位逼抢战术，也取得了很好的成绩。我国的上海上港队、广州恒大队也采用此战术，成绩斐然。高位逼抢战术可谓是足球领域的一项变革，是足球战术史上的革新，也给首先采用高位逼抢战术的巴塞罗那队带来了优异的成绩。在篮球领域，美国男子职业篮球联赛有一种战术叫作"砍鲨"战术。在20世纪末，"大鲨鱼"奥尼尔是整个联盟内线的霸主，几乎没有人能在与奥尼尔的对位中占得便宜，只要奥尼尔在内线拿到球，总是有可能以各种方式得分。时任达拉斯小牛队的主教练尼尔森针对此情况，在一场比赛中实施了特殊战术，小牛队的队员在湖人队刚获得球权时便对奥尼尔犯规，依据规则，此时应由奥尼尔罚球，但奥尼尔罚球命中率并不高，尼尔森教练正是预估其不能每次都两罚全中。奥尼尔和湖人队都没有料到会有此战术，奥尼尔糟糕的罚球使其不但无法得分，还打乱了湖人队原本的进攻节奏，最终湖人队输掉了比赛。此战术效果十分明显，各个球队竞相在对阵湖人队时采用此战术，而此战术也因针对奥尼尔而被命名为"砍鲨"战术。这一战术后来被灵活应用，衍生为针对某个罚球不好的运动员提前犯规，以此交换球权获得进攻机会的战术，成为每个球队必备的常规战术之一。

单人项目的技战术也十分重要，新型的技战术能够出奇制胜。前文提到过，在第43届世乒赛上，作为"秘密武器"出场的丁松就采取了非常先进的技战术——削球。削球属于乒乓球战术类型的一种,击球时球拍后仰,并非简单地直面撞击球的来路方向,而是由体侧上方向前下方挥拍,使球在迅速旋转的情况下弹回。传统小削球方式并不新奇,新奇的是丁松采取的削球策略。丁松一反常态,不再拘泥于通过简单的攻打进行反攻,而是采用削中反拉,加快了球速,给对手出其不意的效果。也正是凭借这一点,丁松打败了瑞典名将卡尔松,助力中国队最后夺冠。

无论是单人项目还是集体项目,技战术的创新直接提升了选手或队伍的竞争力。但是,技战术具有典型的公开性,其在比赛过程中被所有人了解,尽管只是了解技战术的具体表现形式而非技战术生成的具体过程,技战术也无法避免被复制、效仿乃至超越。例如丁松的削球战术就被朱世赫等名将超越,更加先进的削球战术也不断涌现。这一点在所有的体育项目中都不例外。所以,技战术作为商业秘密,其仅限于该战术在公开场合实施之前,一旦在公开比赛中被展现,其保护的必要性以及保护的价值就大打折扣,这也是技战术和其他体育赛事商业秘密的区别。

四、训练方法

运动员提高自己水平的基本方式就是训练,所谓"台上一分钟,台下十年功"。科学、合理、先进的训练方法能够大幅提高运动员的竞技水平,这也成为最典型的体育赛事商业秘密。各种体育项目训练方法的不断演进,是随着人类体育运动同步发展的。与体育竞赛相比,体育训练及运动员的恢复通常是相对秘密进行的。在竞技体育中,尤其是重大比赛前的训练往往是不公开的,尤其禁止或限制媒体的拍摄和采访。体育训练方法可以被纳入技术秘密或者经营秘密范围内,其中主要属于技术秘密。[1]体育

---

[1] 技术指的是"人类在利用自然和改造自然的过程中积累起来的并在生产劳动中体现出来的经验和知识"。人体本身就具有自然属性,人类通过体育训练改善自身的生理机能和运动能力,就是利用和改造自然的过程,带有技术性。人类在从事体育活动中有意识地运用训练方法,是将前人或者自身积累的有关人类运动机能的经验付诸实施的过程。

产业化使得体育活动带有商业色彩,体育竞技运动既是人类挑战自我生理潜能、彰显运动精神的过程,也是商业经营活动的组成部分。在竞技场上取得胜利不仅是为了获得荣誉,也有赢得经济利益的目的。[1]

体育训练方法具有保密性,每位教练对自己所掌握的知识、技能和实践经验等进行总结、创新而形成独特的训练方法,其并不像比赛本身那样具有公开性,并不为体育界相关人员所普遍知悉,独特的训练方法往往能给他们带来现实或潜在的经济利益或者竞争优势。训练方法可以提高运动员的成绩,在成绩提高后,自然可以获得更多的经济收入。训练方法具有极强的专业性,一般不会公开,也不会作为知识被大规模地宣传、普及。训练方法由教练自行掌握,可以看作是对其进行的最为秘密的保护。国际体坛之间交流不断,但为了提高成绩,在正常交流之外,刺探情报、获得对手先进的训练方法的行为也长期存在,从事这样工作的人员被称为体育间谍。2008年北京奥运会和2012年伦敦奥运会,中国举重队总计获得13金3银,体育总局举重摔跤柔道运动管理中心主任马文广在接受采访时就表示,中国队有一套全新的训练方法,且此训练方法短期内不会对外公布。中国队将这些训练方法掌握在教练手中并不对外公布,已经体现了此专业技术的秘密性。这些训练方法可以帮助中国队取得并保持良好的竞技成绩,应当属于我国的体育赛事商业秘密。再如,中国国家队乃至中超联赛大规模地聘请外籍教练,其原因也在于外籍教练可以带来先进的训练方法,从而迅速提高球队的水平。例如李章洙教练执教广州恒大队时,广州恒大队队员的体能水平迅速提高,就是因为李章洙教练有着独特的训练体能的方式方法,其他教练并没有掌握。李章洙教练在执教青岛中能、北京国安队时就已经显示出其提高球队体能的能力,该训练方法之所以能够一直作为其执教的特色,也是因为它已经成为能够带来经济利益的体育赛事商业秘密。

---

〔1〕 胡峰,刘强. 体育训练方法的商业秘密保护[J]. 武汉体育学院学报,2006(3):6-9.

五、营养配方

饮食习惯对于一个运动员的运动生涯来说至关重要,基本上,所有体育项目的运动员都不会酗酒、吸烟,也不会接触垃圾食品。这是运动员基本职业素养的体现,但这还远远不够。面对日趋激烈的竞赛环境,寻求高质量、高营养的运动饮食已经成为保持、提高竞技水平的重要途径。营养配方与膳食方案也并不是千篇一律的,每个运动项目有其自身的特点,不同时间、不同地域的比赛对营养配方的要求也不相同。例如足球运动员需要保持良好的体能,体重就不能过重;而篮球运动员需要直接的身体对抗,与同一身高的足球运动员相比,则需要更重的体重,故需要摄入更多的蛋白质。那些经过经验积累、多次实践确定下来的膳食配方就属于专有技术的范畴。此外,在基本饮食之外,运动员还要摄入大量的营养品及保健品,甚至还要服用有利于身体恢复的药物。这就涉及合理使用药物的问题,因为不合理地使用药物可能会使运动员承担诸如禁赛等后果。具体的营养配方、药物配方属于运动员的秘密,故在此不能举出太多例子。但有一点可以确认,如果某些饮食和营养配方能够公开或已经公开,它就不属于值得保护的体育赛事商业秘密了。还有一点值得注意,有的营养配方或保健药物本身并不是为运动员而定制的,只是被运动员采用而已,此时,运动员选择的营养配方或保健药物则不具有可保护性,故在此情况下也不属于商业秘密的范畴。

六、治疗康复方法

体育竞技以身体素质为基础,运动员的身体在激烈的训练、对抗中不断受到损伤,甚至遭遇重大伤病,故保护和恢复运动员的身体就成为现代体育不可缺少的一环。运动员个人或者俱乐部、国家队都会在治疗康复方面投入大量的资金,谁掌握了先进的康复、医疗手段,谁就可能在体育竞技中取得优势,现代体育竞技愈发变成医疗水平的竞技。体育中的治疗康复方法主要包括两个层面:第一个层面是对运动劳损、创伤的预防和治疗技术及手段,包括按摩、各种外科手术以及恢复性治疗方法。第二个层面是用体育的手段和方法达到治疗和恢复的技术(又称康复体育),如推拿放松技术、穴位按摩技术、基因注射技术等。前者多是从竞技的角度出发,后者则是通过利用体育本身激发身体的潜力,从而达到恢复健康的目的。

从体育赛事商业秘密的角度来看,治疗恢复方法应当限定在其内容的第一个层面。因为体育赛事商业秘密特点之一是以体育为载体,即围绕竞技体育展开的相关内容,而第二个层面是利用体育手段、方法达到恢复身体的目的,其更多的是将体育作为手段,也可以说是利用特定的运动来获得医学上的治疗效果,并非以竞技体育为目的,也不依托于特定的体育赛事,若其以商业为目的,反而可被定位为单纯的商业秘密。

第三节 体育赛事商业秘密保护的现有问题

体育赛事商业秘密虽然已经成为体育事业或体育产业中重要的一环,但并没有得到足够的保护,在作为知识产权类型之一的商业秘密的保护不断完善的现实下,体育赛事商业秘密也应当得到足够的重视。现阶段,对其保护主要有以下几个问题。

一、体育赛事商业秘密的享有主体模糊化

在保护商业秘密权利主体的合法权益中,商业秘密的享有者往往有多个主体,保护其合法权益就显得十分重要。如果忽视了这一点,就可能出现商业秘密主体保护之间的矛盾性与不完整性,造成保护的不周延与不全面。[1]

---

[1] 唐超华,黄时进. 论同一商业秘密的多个权利主体[J]. 岳麓法学评论,2001 (0):158-161,11.

此论断在体育赛事商业秘密中同样适用。理论上，体育赛事商业秘密的种类颇多，究竟其享有主体为何，实为理论及实践中的难点。从商业秘密的角度出发，商业秘密的所有人一般是企业。例如《美国侵权法重述》第75条规定了商业秘密应考量的六个因素，其中主要以"企业"一词作为商业秘密的享有主体，这并未被我国法律完全借鉴。我国《反不正当竞争法》第2条将反不正当竞争法中的经营者限定为自然人、法人和非法人组织。从体系解释来看，此处《反不正当竞争法》所谓的经营者并非商业秘密的权利主体，而是侵犯商业秘密的主体，《反不正当竞争法》全文并未出现经营者享有商业秘密这一表述。可见，单纯通过商业秘密或商业秘密权的享有主体，并不能直接推断出体育赛事商业秘密的享有主体。从理论上来看，体育赛事商业秘密的主体可能有以下几种类型。

（一）自然人

体育活动中的自然人既包括运动员，也包括相关从事体育行业的个人，如队医、按摩师、营养师、教练员等。在体育行业中，鉴于体育具有强烈的人身属性，以相对自由的自然人个体身份出现在体育活动中比较普遍。有观点认为，自然人是否能成为商业秘密的主体要以其身份性质和所从事的活动为标准，并以此区分为公务活动和普通的民事、商业活动。[1]此观点在体育赛事商业秘密中也应适用。

（二）企业

企业是最主要的商业主体，也是参与体育事业或体育产业的重要主体。我国企业分为多种类型，包括股份有限公司、有限责任公司、合伙企业、个人独资企业等。从理论上来看，以上主体在我国《民法典》《公司法》及其他现行法律下，都具有完全的民事行为能力，是独立的民商事主体，故都有可能成为体育赛事商业秘密的享有主体。在体育领域，足球俱乐部如广州恒大、上海申花都属于企业，都受我国《公司法》的调整。

---

[1] 朱明，张小林. 商业秘密的主体资格和内容探讨[J]. 商业现代化，2014 (31).

(三) 其他组织

其他组织并非一个固定的法律概念，我国 1986 年的《民法通则》将其列为与自然人、法人相并列的一个概念，而 2017 年施行的《民法总则》则将其更名为非法人组织。概念更迭并未改变"其他组织"的内涵，一般性的社会团体、社会组织如中国足协、中国篮协等都属于其他组织。

(四) 国家机关、事业单位

体育事业具有公益性，我国体育事业的发展无法脱离政府的支持。例如，中国的奥运代表队接受国家体育总局的管理，其教练员的聘请、运动员的选拔乃至日常开支，都由国家体育总局负责。相应的，训练比赛中的相关体育赛事商业秘密也都可能与国家体育总局有关。此外，其他行政层级中也有类似体育局的行政机构，也都在选拔运动员、组织运动队上起作用。然而，现行法律并未明确国家机关、事业单位在商业秘密中的地位，更难提其在体育赛事商业秘密中的地位。

学界对体育赛事商业秘密的主体认定并没有太多讨论，但从商业秘密禁止权的角度考量了此问题。例如，有学者提到体育是专业化领域，体育专业人员稀缺，通过重金购买体育专业人员来提高自身水平已经成为各国通用的做法。[1] 在人员流动的过程中，体育精英必然将其掌握的体育专业技术带到新的单位、队伍或国家，这实际与其前雇主之间形成了竞业禁止，然而若是一概对其进行限制，则可能造成对其基本劳动权的侵害。[2] 此观点实际上将体育赛事商业秘密的主体排他性地限定在企业主体上，但却未论述其理由。而当我们直面体育赛事商业秘密的权利主体时，我们会发现，虽然可以罗列体育赛事商业秘密的享有主体，但却很难清晰地回答，在一个赛事或一个俱乐部中，前文所列举的体育赛事商业秘密客体明确归属于哪个主体。以技战术为例，优秀的技战术包括训练方法等都会大

---

[1] 胡峰，刘强. 体育训练方法的商业秘密保护 [J]. 武汉体育学院学报，2006 (3)：6-9.

[2] 苟民华. 商业秘密的法律保护 [J]. 甘肃行政学院学报，2003 (3)：90-92.

大提高运动员的竞技水平和比赛成绩,然而存在争议的是,技战术究竟应属于教练还是教练所在的球队呢?技战术是教练及其团队智慧的结晶,故从技战术的创制来看,技战术应归教练享有,教练也应为相应的体育赛事商业秘密的权利主体。但是,教练与相应的球队签订了合同,那么在劳动合同履行期间教练的创造性战术是不是应归属球队呢?球队为教练提供了良好的战术研发环境、场地以及相应的辅助人员,特定的战术难道不应是球队的无形财产吗?笔者认为,两种观点都有可取之处。一方面,优秀的教练大都有自己特定的战术体系与战术风格,在自己特定战术体系和战术风格的基础上进行的创新当然也属于自身智慧成果之一,具有强烈的人身属性,其当然应由教练自身享有,否则就无法解释教练员自由应聘至其他球队后,仍然采用与原球队相同或相似的战术这一现象,比较典型的如名帅瓜迪奥拉所创的"控球战术",其在执教巴塞罗那队、拜仁慕尼黑队以及曼城队时,均采用了此战术。又如在中超联赛执教的韩国籍教练张外龙,其在执教青岛队、重庆队以及河南建业队时也都运用了他自己创新的"七秒理论"。另一方面,教练创制或采用的战术均是为了球队获得胜利,如果没有球队提供的基础,其任何创新性的战术就没有施展的余地,更难产生任何价值,谈不上成为"体育赛事商业秘密"。在球队为教练支付劳动报酬的前提下,教练所创制的与其职务相关的成果都应当成为球队的财富,这也符合现代劳动关系理论。

综上所述,在涉及多个存在劳动关系的主体时,体育赛事商业秘密的主体存在模糊化的倾向,这不仅体现在技战术、训练方法领域,诸如商业模式、营养配方、治疗康复模式等体育赛事商业秘密类型中也都存在类似的情况,尤其是在多个潜在享有体育赛事商业秘密的主体不再存有劳动关系或相互之间发生利益对立时,关于体育赛事商业秘密的归属便会产生强烈的争议。相较于体育赛事商业秘密的客体不断发展而具有强烈的弹性,体育赛事商业秘密的享有主体则确实需要在理论上予以明确。这一问题又因我国体育事业具有强烈的行政导向而变得愈发复杂，限于篇幅，此问题不再进一步讨论。

二、一般部门法保护的不足

对体育赛事商业秘密的保护呈现部门法的缺失，这种缺失表现在两个方面。

一方面，体育赛事商业秘密保护过分依赖《反不正当竞争法》。体育赛事商业秘密不能等同于商业秘密，否则无法体现体育赛事商业秘密的特殊性。现阶段，明确提及商业秘密概念的只有《反不正当竞争法》，但是《反不正当竞争法》第1条就明确了其制定目的。[1]《反不正当竞争法》的目的是促进社会主义市场经济的发展，体育赛事商业秘密是商业秘密的一种，其保护也涉及保护市场经济层面。但是，体育赛事商业秘密保护的本质是针对体育事业或体育本身，而体育所代表的竞技精神不能被简单的发展市场经济所替代，因此尽管在具体法律规范上可以借鉴普通商业秘密的规定，但绝对不能将体育赛事商业秘密的商业性置于体育赛事商业秘密的体育性之前，否则就违背了现代体育所代表的追求更高、更快、更强的竞技精神。此外，体育赛事商业秘密种类繁多，既包括体育专有性技术，也包括体育商业模式等，而《反不正当竞争法》对商业秘密客体的限定太过狭窄。虽然《民法典》第123条明确将商业秘密纳入知识产权的客体，[2]但仍无法直接得出体育赛事商业秘密可以无保留地适用《反不正当竞争法》这一结论。

另一方面，体育赛事商业秘密也无法融入其他知识产权部门法的保护

---

〔1〕《反不正当竞争法》第1条规定："为了促进社会主义市场经济健康发展，鼓励和保护公平竞争，制止不正当竞争行为，保护经营者和消费者的合法权益，制定本法。"

〔2〕《民法典》第123条规定："民事主体依法享有知识产权。知识产权是权利人依法就下列客体享有的专有的权利：（一）作品；（二）发明、实用新型、外观设计；（三）商标；（四）地理标志；（五）商业秘密；（六）集成电路布图设计；（七）植物新品种；（八）法律规定的其他客体。"

范围。体育赛事商业秘密种类繁多，许多类似体育技术、训练技能等都被拿来与知识产权中的专利权、著作权相比，如果能将体育赛事商业秘密客体分散在《著作权法》《专利法》中，则不仅可以节约立法成本，而且可将体育赛事商业秘密直接融入我国知识产权法体系。但仅从理论上来看，这种假设似乎很难成立。首先，体育竞技中的特定战术、训练方式等不是作品，虽然其可能在竞技过程中呈现出艺术价值，但其不能被纳入著作权的保护范围，学界也有学者持此种观点。[1]也有学者主张体育比赛经验凝结了运动员和其他人员的劳动智力成果，符合著作权作品的要件，应受著作权法的保护。[2]但是，无论这种劳动成果，如动作组合是否为"独创"，由于其本质是为了体育竞技获得胜利的一种辅助手段或附带产物，并非是对艺术中美的展示，因此不能构成著作权法意义上的作品。同时，对竞技体育技巧或比赛策略的设计也仅是一种方法或思想，其载体具有不确定性，也无法不加修改地对其进行复制与传播，因此很难说某种技战术思想能够被纳入著作权法的保护范围。我们坚持认为著作权法是一个开放体系，但这一体系所秉持的是对"独创性"的保护，若在技战术、训练方式等体育赛事商业秘密客体中强调独创性及不可复制性相结合的保护，则这些所谓的技战术、训练方法等都不可能满足其要求。同样的，将体育赛事商业秘密的部分客体纳入专利法保护范围也不合理。有学者提出，把运动员技术、运动员技术创新动作、运动竞赛战术、体育运动测试方法等纳入专利法保护是不妥当的。[3]笔者并不完全同意此学者的论述角度，也不完全同意技术信息不能生产出产品这一论断。笔者认为，作为体育赛事商业秘密的一部分，体育动作、体育技术等在专利权保护的客体、技术的新颖性、创造性和实用性上都不存在成为专利法保护对象的障碍，但是，专利

---

[1] 王迁. 知识产权法教程 [M]. 北京：中国人民大学出版社，2007：72.
[2] 张杰. 运动竞赛表演中的著作权保护 [J]. 体育学刊，2001（8）：14-16.
[3] 邵朱励. 体育运动技术动作的可专利性质疑 [J]. 天津体育学院学报，2008（4）：333-335，359.

法理论上的专利，其客体是能够促进工业化生产并提高生产力的客体，这是专利法设置的初衷，也是专利最本质的意义。体育赛事商业秘密中的各项体育技术，无论公开与否，其本质都是提高竞技体育的竞争力，其作用范围仅关乎体育，在体育竞技领域中处于基础性地位，不完全符合传统专利法的实用性要求。假设将现在的体育技术等作为专利予以保护，可能会在体育竞技中频繁出现技战术、训练方法、营养配方重复、重叠、雷同之类的纠纷，进而降低体育赛事领域革新技术的可能性，最终降低比赛的竞争性。这里必须提到，体育科技当然也会衍生出专门的体育器械，如先进的跑步机、健身器材等，但此类体育领域的创新并不是单纯服务于体育竞技，而是服务于市场，其本质上仍是促进社会生产力，故应当受专利法保护，只是其应用于体育行业或体育事业而已，与体育赛事商业秘密中的体育技术等有所差异。

三、积极保护与消极保护不对称

在《反不正当竞争法》与其他知识产权法对体育赛事商业秘密保护不足的现状下，其他民法部门法也未能完全发挥作用，表现为积极保护与消极保护不对称。所谓积极保护，是指确认体育赛事商业秘密的价值，并确认商业秘密权。现阶段，除合同法保护之外，体育赛事商业秘密权并无行使的空间。当我们将体育赛事商业秘密作为知识产权的一类来考量时，就必须承认其应当具有知识产权的绝对权属性，相关的制度构建也以此为基础展开。因此，体育赛事商业秘密的积极保护应当在承认商业秘密权的基础上认可其绝对性。《民法典》合同编以自由、平等为基础，体育赛事商业秘密权的主体可与其他主体签订使用体育赛事商业秘密的合同，并获得对价。然而，此处依《民法典》调整的权利仍属传统债权，而债权为相对权，其保护力度低于知识产权。相对于体育赛事商业秘密的积极保护，其消极保护则比较全面，已经形成包括《反不正当竞争法》《刑法》在内的多层次保护体系。其中,《反不正当竞争法》第 21 条对此已经做出规定。[1]《刑法》第 219 条从刑法角度对其做出规定。[2] 由于体育赛事商业秘密不能完全等同于商业秘密,故体育赛事商业秘密的消极保护实际仍处于空白状态。但仅从我国对商业秘密的立法来看,其消极保护较之于积极保护更加完善,即使认同某些学者关于体育赛事商业秘密可不加区别地适用商业秘密的保护规范这一观点,[3] 对体育赛事商业秘密的消极保护也大于积极保护。比较健全的消极保护确实可以保障体育赛事商业秘密权人的利益不受减损,这当然有积极的意义,但积极保护的缺失给体育赛事商业秘密权人利用体育赛事商业秘密获得利益,推动体育事业的发展造成了障碍。体育赛事商业秘密保护关乎运动员的竞争力,对竞技体育产业的发展至关重要,有的甚至直接影响体育经营的生存。因此,只有将积极保护与消极保护结合起来,方可真正保护体育赛事商业秘密。

第四节 体育赛事商业秘密保护的建议

体育赛事商业秘密问题涉及体育法、知识产权法等多个部门法,并直接关涉我国体育事业的发展,正如前文分析,其保护现状并不乐观,有必要从立法论的角度直面此问题。笔者提出以下几点设想。

一、明确体育赛事商业秘密的保护范围

立法应采纳理论上体育赛事商业秘密的特点,并予以列举。本章在开

---

[1]《反不正当竞争法》第 21 条规定:"经营者以及其他自然人、法人和非法人组织违反本法第九条规定侵犯商业秘密的,由监督检查部门责令停止违法行为,没收违法所得,处十万元以上一百万元以下的罚款;情节严重的,处五十万元以上五百万元以下的罚款。"

[2]《刑法》第 219 条规定:"有下列侵犯商业秘密行为之一,情节严重的,处三年以下有期徒刑,并处或者单处罚金;情节特别严重的,处三年以上十年以下有期徒刑,并处罚金……"

[3] 张玉超,张治国. 我国体育专有技术的法律性质及保护对策 [J]. 武汉体育学院学报,2011(3):32-39.

头已经列举了体育赛事商业秘密的特点,包括四点:第一,体育赛事商业秘密以体育为内容;第二,体育赛事商业秘密以体育赛事为载体;第三,体育赛事商业秘密具有公益性;第四,体育赛事商业秘密具有即时性。以上四点内容以商业秘密的内容为基础,又呈现出商业秘密与体育赛事商业秘密明显的区别。在未来立法时,若涉及体育赛事商业秘密的具体条款,可首先以抽象方式列举体育赛事商业秘密的范围,并对商业秘密的类型进行不完全的列举,具体包括本书所阐述的商业模式、运动员信息、技战术、训练方法、营养配方、治疗康复方法等。由于体育赛事商业秘密本属开放性体系,在具体体育项目或体育赛事中,体育赛事商业秘密的表现形式也有所不同,立法无法一一列举,只能采以上抽象概念特征加以具体类型列举的方式,并在最后附之以兜底条款,使体育赛事商业秘密的客体类型具有弹性,从而建立科学的体育赛事商业秘密体系。

建立国家使用体育赛事商业秘密机制。体育赛事商业秘密具有公益性,不能完全将其交由市场或私法,而应当通过一定的途径对其进行限定。仅就我国而言,加大体育投入、建设体育强国也是中华民族伟大复兴的一部分,在这一过程中,必须协调保护特定体育赛事商业秘密和提高国家整体体育水平这一对关系。例如,奥运会以国家为单位参赛,"国字号"球队是否可以利用俱乐部球队或其他各级行政区队伍所享有的体育赛事商业秘密呢?有学者在论述体育专有技术时提出,当务之急应建立体育专有技术的申报、审核、奖励和侵权责任追究等一整套的管理制度,建立我国创新体育专有技术的应用、转让、推广等正常有序的技术转让制度,承认和保护其他国家的体育专有技术创新,引进国外各运动项目的先进技术动作、战术理论和训练手段等。[1]

笔者对此持肯定态度,认为体育赛事商业秘密应当让位于更高的国家

---

[1] 张玉超,张治国. 我国体育专有技术的法律性质及保护对策 [J]. 武汉体育学院学报, 2011 (3): 32-39.

利益。这不仅需要理念或某种口号，更需要通过具体的体育赛事商业秘密规范来进行调整。笔者认为有以下两种途径。第一，在国家需要某种特定体育赛事商业秘密时，由专门的机关对此体育赛事商业秘密进行征用，并支付对价。此种模式类似于强制缔约，体育赛事商业秘密的享有者不能拒绝此缔约，也不能要求大幅度修改此缔约的具体内容。第二，在国家需要某种特定体育赛事商业秘密时，可以征召商业秘密的具体享有主体参与有关国家队的训练比赛甚至大型运动会的申办，此时该商业秘密仍由原有主体享有，当特定任务完成后则国家不能再使用该商业秘密。对比两种途径，前者的强制性更大，行政色彩更浓厚，使体育赛事商业秘密主体完全让渡了商业秘密权，而后者则比较温和，属于体育赛事商业秘密的"借用"。笔者认为，在现阶段，应以后者为主要方式。体育虽涉及国家利益，但为获得体育成绩而过度使用行政权不利于体育事业的自由发展。此外，通过第二种途径获得某些体育赛事商业秘密的使用权更符合现实需要。例如，聘请外籍教练、训练师的方式已经实践了"借用"体育赛事商业秘密这一模式，且此模式可超越国界，范围更广，效果也更好。

二、明确法律保护路径

与第二章的体育赛事转播权和第三章的体育赛事品牌相同，体育赛事商业秘密的保护也有赖于单行法律的建立。具体有以下两种保护路径。

第一种保护路径为附带式，即在《反不正当竞争法》中加入相关体育赛事商业秘密保护的内容。体育赛事商业秘密与商业秘密有许多共通之处，采用"搭便车"的方式可以最大限度地节省立法成本。但正如前文所提到的，强制性地增加此内容可能与《反不正当竞争法》的保护目的不符，使体育赛事商业秘密的保护简单化，丧失其核心内涵，反而不利于体育赛事商业秘密的保护。

第二种保护路径为独立式，即建立独立的体育赛事商业秘密保护法。

独立式保护路径又可分为两类,即既可作为单行体育赛事知识产权法中的一部分,也可以作为单行的体育赛事商业秘密保护法。在独立式的立法保护路径中,无论是哪一种具体形态,均可在其中具体规定体育赛事商业秘密的享有主体、客体,体育赛事商业秘密的保护方式、纠纷解决的途径,在条文数量上,也可不受《反不正当竞争法》的约束,并明确规定侵犯体育赛事商业秘密的行政处罚和刑事处罚条款。

笔者认为,附带式与独立式的两种保护路径,前者能够在最短的时间内确立体育赛事商业秘密的法律规范,对于保护体育赛事商业秘密来说有着明显的效率优势,而后者需要更加充分的前提条件,其中就包括深化体育赛事商业秘密的理论研究、建构独立的体育赛事商业秘密理论体系。现阶段,体育赛事商业秘密的理论研究仍处于分散化、条块化的状态,体育法、知识产权法、反不正当竞争法各自部门法内均涉及了体育赛事商业秘密,但又无法统合抽象出更高层次的理论,因此从这一点来说,构成了暂时选择附带式立法途径的重要理由。但从我国法治化的长远规划和发展来看,随着体育赛事商业秘密理论研究的完善,体育赛事商业秘密立法最终还是会通过独立式的立法路径呈现在大家面前。

三、明确体育赛事商业秘密保护与一般知情权之间的关系

体育赛事商业秘密的特殊性要求体育赛事商业秘密应当保障一般民众的知情权。体育事业不同于一般的商业活动,其具有典型的公益性,是阳光、健康的代表,体育赛事及体育活动、体育产业的整个运作过程也都秉持透明、公开等基本原则。在体育赛事商业秘密的主要类型中,许多内容都涉及民众的基本知情权,此时如何在保护体育赛事商业秘密和民众知情权之间做出选择,就成为理论上必须回答的内容。例如,大型赛事之前的训练课,一般都分为公开训练课和非公开训练课两种形式,对前者,媒体可以报道,观众也可以围观,后者则一律谢绝他人观看。这就是体育赛事

商业秘密特殊性的一种表现。在现代科技发展日新月异的今天，体育赛事已经成为比赛的一部分，观众对体育赛事的报道与体育新闻的需求不亚于对比赛本身的需求。从理论上来看，体育报道或公开训练是社会公众监督体育运动和运动员、教练员的重要方式。但我们也应当注意到，公开体育训练并非体育专业人员的义务，若在训练过程中涉及体育训练方法、人员信息，则更属于体育赛事商业秘密的范畴。一味地迎合观众们的需求而强迫公开训练活动的内容，则可能导致运动员在训练时出现故意伪装的情况，影响训练质量。因此，一方面不能以体育训练方法涉及体育赛事商业秘密保护为由拒绝媒体报道，另一方面也不能以媒体报道权为由对体育训练方法进行完全的、绝对的报道。比较妥当的做法是，通过法律规范设定公开信息的途径和方式，在特定时间、特定地点对特定训练进行公开，从而协调体育赛事商业秘密和一般公众知情权之间的关系。

本章小结

体育赛事商业秘密与一般的商业秘密不同，其紧紧依托于体育赛事，以其为载体，一旦体育赛事不存在，体育赛事商业秘密也不存在。此外，体育赛事商业秘密更加强调体育的公益性，体育赛事商业秘密在特殊情形下应让位于其公益性。商业模式、技战术、训练方法等均属于体育赛事商业秘密的保护范围。然而，列举式的内容只能反映一部分体育赛事商业秘密，随着体育赛事不断发展、体育项目不断扩张，体育赛事商业秘密必将发展出新的样式。因此，应将体育赛事商业秘密作为一种特定的知识产权，通过专门立法的方式对其进行规范，同时将其纳入体育赛事知识产权的理论范畴。

第五章
体育赛事知识产权保护的反思

第一节 体育赛事知识产权保护不足的原因

经过前四章对体育赛事转播权、体育赛事品牌以及体育赛事商业秘密的论述可以发现，体育赛事中的知识产权问题或类知识产权问题非常复杂，不但在理论上很难达成统一性观点，未建立体系化的理论构造，更难通过司法实践寻找并抽象出解决体育赛事知识产权的问题。笔者认为造成此问题的原因有以下几方面。

一、体育赛事知识产权类型过于复杂

知识产权作为一种近代社会新兴的权利，其本身处于一种开放性状态，专利权、商标权、著作权等现在看来十分确定的主要类型，也经历了一个从无到有、从简单到复杂、从疏于保护到健全保护的过程。这一过程本身所体现的法律或者说知识产权法律发展的过程也是我们在学习、研究、认识体育赛事知识产权时可能遇到的。这种体育赛事知识产权类型的复杂性表现在以下几个方面。第一，体育赛事知识产权类型具有不确定性。抛开那些具有强烈争议的体育赛事知识产权类型，在本书中所提到的体育赛事转播权、体育赛事品牌及体育赛事商业秘密中，尚且无法精确限定其范围。例如在体育赛事品牌中，哪些表现形式可归属于所谓体育赛事

品牌呢？体育赛事品牌范围过大，其表现形式过多。只要一个体育赛事品牌出现，就可通过文字上的相似性无限扩大其表现形式，结果就是造成所谓体育赛事品牌化的垄断，这甚至远远超过了范围明确的商标权保护。再如体育赛事商业秘密，称其为秘密的信息、技术等本就非常抽象，加之属于体育领域，具有强烈的专业性，最终如何限定体育赛事商业秘密也颇为复杂。正所谓谁掌握了概念，谁就掌握了发言权，这种体育赛事知识产权类型内部的不确定性，不仅使单一概念引领的学术研究出现"无的放矢"的困境，也削弱了体育赛事知识产权作为一个统一概念被人们认识的可能性。第二，体育赛事知识产权经常与传统知识产权相交叉。体育赛事知识产权经常借助于专利权、著作权、商标权乃至商业秘密等我们熟悉的知识产权类型，学理上在研究时也出现了许多准用、类推适用的观点。这看似是在试图寻找体育赛事知识产权与传统知识产权的共同点，实际上在研究过程中往往仅专注甚至放大了二者的共同点，进而慢慢地将体育赛事知识产权研究转化为知识产权的研究。笔者并非否认这样一种研究方式及研究进路，而是想强调体育赛事知识产权与传统知识产权确实有交叉的地方，也可对此进行利用，但对体育赛事知识产权的研究，尤其是从体育法方面来看，应当侧重于二者之间的差别，并从此差别出发寻求体育赛事知识产权的自有规范。从历史发展来看，知识产权也并非从其出现之初就具备了完备的体系，而正是在与传统民法权利的不断比较、不断检讨中才铸就了其"独立品格"，而又有谁能否认体育赛事知识产权也正在经历这样一个过程呢？

二、理论研究条块化

体育赛事知识产权的研究处于起步阶段，学界对体育赛事知识产权的研究呈现明显的条块化，此条块化又具体表现为部门法上的条块化与类型上的条块化。所谓部门法上的条块化，是指体育法、知识产权法乃至民法以其各自视角对体育赛事知识产权进行研究，很少有学者能统合多个部门法，更不用说涉及体育赛事知识产权的相关程序法问题。理论研究的条块化表现为，体育法的研究多以体育领域为切入点，将体育法作为研究的坐标，强调体育学上的分类，从而使研究的对象细化。这样的细化在研究单独问题时并不会出现任何问题，但是这种研究方法可能使研究过于细致，进而造成细上加细，最终导致过分强调各个研究对象之间的差异。在差异被放大的过程中，就很难进行一般抽象化，体育法上的问题本已支离破碎，难与体系化的大陆法系思维相匹配。例如，针对有关体育赛事知识产权的研究，体育法领域研究者不乏对体育转播权、体育冠名权、体育专业技术的研究，其研究内容也都涉及了对著作权、商标权、专利权等问题的论述，有的还同时涉及了多项讨论。这些讨论虽然最后都提出了法律适用或立法论上的建议，但并未从理论上升到体育赛事知识产权的角度，也未提出富有体系化、具有包容性的体育赛事知识产权理论。知识产权及民法学对体育赛事知识产权问题的研究则表现为另一个极端——秉承了抽象画思维下的既有民法或知识产权体系，然后对体育法上的知识产权问题如转播权、体育赛事商业秘密等进行研究，其研究呈现附带式，且基本选取某个体育赛事知识产权的点而非系统论述大量的体育赛事知识产权问题。若仅从知识产权或民法来看，这种研究进路并没有太大问题，其所得出的一般性知识产权结论也值得肯定，但一旦从体育赛事知识产权的视角进行审视，其无疑被限定在了知识产权或传统民法的系统内，而不利于体育赛事知识产权自身的体系化发展。当然，也有学者尝试从抽象的体育赛事知识产权角度对其中涉及的内容进行研究，但这些研究尚不足以改变条块化研究的现状。

条块化的研究造成了两个最直接的问题。第一，体育赛事知识产权无法构建独立的理论体系，减损了体育赛事知识产权整体的价值，造成统一构建体育赛事知识产权体系的步伐减缓。关涉体育或体育法的内容繁多，但诸多内容中，体育赛事知识产权具有广泛性和代表性，这也可从条块化的研究中窥见一斑。若迟迟不能将其上升到体育赛事知识产权角度来回应某些问题，如体育转播权、体育赛事商标权等，那么这些问题的解决方式也只能停留在碎片化的阶段，条块化理论之间难免出现矛盾和冲突，直接影响体育赛事知识产权的研究，造成理论研究上的恶性循环。第二，体育赛事知识产权无法得到更加有效的保护。我国是典型的大陆法系国家，强调成文法在法律实践中的重要性。由于缺乏统一的体系化理论，体育赛事知识产权的保护无法借助于特定立法，只能依靠个案的司法适用解决具体问题。然而，也正因过分强调司法实践，放大了司法实践本身的弊端，如同案不同判、自由裁量权不统一等，且此类问题在我国四级二审制下显得更加突出。此外，由于我国有明显的"调解型"审判模式，调解结案的广泛适用使体育赛事知识产权的最终判断模糊化，权利内容、权利保护方式在调解过程中被吸收，难以形成可复制、可推广的规范。

三、体育赛事知识产权内容的特殊性

体育或者说体育赛事已经成为一项固定且不断扩张的领域，其不再仅仅是人们锻炼身体的一种方式，而是形成了特有的运行结构和运行规律。我国长期以来通过行政化手段推行体育的方式虽然取得了显著成效，但这与体育愈发强调市场性的规律不符，通过专门性立法取代单行性立法的行政手段成为重要的途径。传统的行政主导模式下，体育行业或体育产业的运行与其他行政主导领域没有太大区别，但在转化成具体立法时，就必须体现体育或体育赛事的特殊性，这在体育赛事知识产权领域愈发明显。首先，体育赛事知识产权具有公益性。公益性是体育赛事知识产权与其他类型的知识产权最大的区别。知识产权设定的逻辑是以保护私权来推动社会的进步，本质模式为私权推动型。体育赛事知识产权设定的逻辑则是以公益带动私权型。前者是市场经济发展时期对个人智慧的保障与奖励，并认

可这种保护能够推动整个社会的进步。后者则是在体育成为社会化大生产满足人们基本生活需求后，要求不断发展体育来满足人们的精神娱乐生活。知识产权的进步横跨了满足人们基本生活需求和不断追求更高的生活品质两个阶段，体育赛事知识产权的产生则主要处于不断追求更高生活品质这一阶段。从逻辑上来说，基本生活需求具有必需性，而更高阶段的生活追求并没有固定性，体育只是人类选择的一部分。所以，试图通过原始知识产权以私益推动公益的发展必然受到局限。虽然实践中也有以经济发展或高额利润作为体育赛事知识产权发展的动因，但仍处于少数阶段，比较典型的例子是通过举办体育赛事获得的利润正在下降，这从伦敦奥运会和巴西世界杯的最终财政结果就可得出。在我国，中超联赛中的广州恒大队，其2017年的球队财政呈现亏损状态，但这并未降低其对球队的投入。

其次，体育赛事知识产权具有聚合性。所谓体育赛事知识产权的聚合性，是指在同一体育赛事过程中凝结或凝聚了多种类型的体育赛事知识产权，增加了体育赛事知识产权统一保护的必要性。体育赛事知识产权的聚合性表现为时空上的聚合和主体上的聚合。时空上的聚合是指在同一时间、同一比赛中，会出现大量亟待保护的知识产权类型。例如北京奥运会中，既要保护北京奥运会的体育赛事的转播权，又要保护体育赛事品牌，还要保护在奥运会期间的各个参赛队的体育赛事商业秘密，虽然这种保护并非像安保一样必须采取事先保护模式，但也必须有集中化的事后应对措施。这就需要专门法律予以调整。我国现阶段在举办大型赛事时已经认识到这一点，不过仍采取政策化的应对方式，时效性不够明显。主体上的聚合性是指大型体育赛事中可能出现单个主体享有多个体育赛事知识产权的情形，此种情形比较普遍。例如北京奥运会中，奥组委就当然地享有体育赛事的转播权、赛事品牌权，每个参赛队都享有各自的体育赛事商业秘密权等。体育赛事知识产权的聚合性给此时段的体育赛事知识产权保护提出了更高的要求，正如大规模活动会因大量人员的聚集而设定特定的安保义务一样，大型体育赛事中对知识产权保护的需求也相应地提高。最后，体育赛事具有国际性。体育赛事的国际性增加了体育赛事知识产权的保护困难度。除了单纯的全运会、省运会等级别的体育赛事之外，在我国举办的大多数赛事及联赛都有外国主体的参与，这在各个体育大国均是如此。如此一来，体育赛事知识产权主体的保护就必然具有确定性。否则，一旦体育赛事知识产权受到侵害或因此发生其他的争议，在没有特定实定法的前提下，涉及外籍主体的知识产权保护就可能出现争议。不同国家对体育赛事知识产权的保护内容、保护力度各不相同，若不能事先通过立法的形式予以确定，不但会影响纠纷的解决，还会导致我国的法治环境遭受怀疑，而且可能影响体育赛事的成功举办，进而影响我国的对外形象。

四、大陆法系的传统限制了先例的适用空间

前文已述，我国是典型的大陆法系国家，以实定法作为唯一的法律渊源。在实定法的法律传统下，有法可依成为法治化的前提。改革开放之后，我国立法领域取得了长足的进步，现阶段已基本建立了社会主义法律体系。虽然《体育法》作为我国体育领域最高的法律，涉及了体育标志保护的问题，但国内尚无针对体育赛事标志的法规或其他规范性文件，立法层级较低，难以形成体育赛事知识产权法律实践保护的科学支撑。现行《体育法》缺失对体育行为主体及其关系的法律规范，如体育赛事转播权及非专利性的运动技术发明等。其后果就是，为保障比赛的顺利进行，每次承办国际体育赛事，如奥运会、青奥会、大运会等都需要进行临时立法，出台一些具有针对性的规章制度及行政法规或相关政策、会议纪要等，但这些法律法规、政策与《体育法》相比级别较低，未形成完整的法律体系，在治理体育赛事知识产权侵权方面的力度不够，效率低下且资源浪费现象十分严重。[1]

---

[1] 杨林. 我国体育赛事知识产权法律实践保护研究[D]. 北京：北京体育大学，2017.

在这样一种背景下，体育赛事知识产权的法律保护不得不依靠司法裁判个案。个案保护的方式并非不能完全保护个案中的体育赛事知识产权，通过法院不得拒绝裁判的法理已为个案的完全保护提供了可能性，并且我国法院的专业水平已逐步提高。但是，大陆法系的传统已经限制了先例适用的空间，至少造成了两个方面的障碍。一方面，先例无法上升到立法层面，给体育赛事知识产权的保护造成了不确定性。判例法的功能之一就是通过先例固定某种值得保护的利益，此与实定法通过具体法律规范保障特定利益具有同一功能。我国不承认判例功能，仅建立了柔性的案例指导制度，体育赛事知识产权的判决也只能成为指导法官裁判的规则，无法成为裁判规范，更难以成为诉讼之外的行为规范。另一方面，我国缺乏根据重要案例创制规范的传统。我国司法解释的制定目的一般是对现行立法的不足、不周之处进行进一步的细化，进而使抽象的立法具体化。从程序法和实体法的关系来看，实体法本身具有滞后性，无法及时跟上时代发展的脚步，故可通过具体诉讼创制新型权利、新型规范，进而弥补法律的滞后性。但是，我国立法的过程具有复杂性与政策导向性，其很难及时地将司法实践中新确定的重要制度作为重要内容，此功能大多时候是通过最高人民法院制定相应的司法解释来替代。体育赛事知识产权在未成为理论上的研究重点的现实下，很难作为一项独立的立法意向被立法机关重视，只能散见于、受制于具体部门法类型的司法解释。而司法解释的效力本就低于法律，且现实中最高人民法院也未出台关于体育赛事知识产权审判的具体司法解释，更凸显了这一问题的困顿。

第二节 体育赛事知识产权的立法论建议

一、增加体育赛事知识产权的立法

有学者认为，知识产权法律体系的保护对象相较于其他法律体系具有更显著的时代感,故其增补与修改尤为重要。制定专门的体育赛事知识产权法或单项的体育赛事知识产权法可以作为一个考虑方向。[1]从本质上看,体育赛事的知识产权是民事权利,根据我国《立法法》的规定,我国基本法律的制定及修订由全国人大及其常委会负责,而目前适用的体育赛事知识产权方面的法律主要是《专利法》《商标法》和《著作权法》等一般性的法律,尚无全国人大及其常委会层面的专项法律出台。这给体育赛事知识产权的立法提出了要求。

体育赛事知识产权类型复杂性、研究的条块化、内容的特殊性以及我国大陆法系实定法的立法传统都限制了体育赛事知识产权在我国的发展和保护。针对此问题,从立法论上来看,其关键应着眼于如何建立专门的体育赛事知识产权立法以及其具体内容是什么。对于前一个问题,受制于我国的立法环境与立法资源,同时还应当对体育赛事知识产权保护需求及理论研究进行反馈,尚不属于可以讨论的范畴。因此,在前文已经表明体育赛事知识产权亟需保护的现状下,现阶段的关键在于,建立什么样的体育赛事知识产权法律,或者说我们需要建立什么样的知识产权法保护体育赛事。我国现有的知识产权体系主要包括专利权、著作权、商标权、商业秘密等内容。这些知识产权内容被分别编纂在《专利法》《著作权法》《商标法》《反不正当竞争法》等部门法中,给体育赛事知识产权法的编纂提供了三种路径。

(一)在现有体系内对体育赛事知识产权的特殊化列举

此种方式依托于现行的《专利法》《著作权法》等具体的知识产权部门法。在每一个部门法中,将体育赛事知识产权与之相关的内容都添加进去,自成一章。这种方式既有明显的优势,也有明显的劣势。其优势在于,依托已经成型的部门法,无须通过立法程序,而仅需要经过修法程序

---

[1] 郭谦.体育赛事中的知识产权问题研究[J].首都体育学院学报:2017(6):489-493.

即可。确立一部全新的法律,其立法过程较之修订法律程序复杂太多,但从主体来说,若是制定专门性法律,一般要由全国人民代表大会决定,而若仅仅修订专门性法律,则仅需要全国人民代表大会常务委员会通过即可。如此,在效率上具有巨大优势,然其劣势也比较明显。例如《专利法》和《商标法》等各个知识产权部门法都有各自的基本原则和基本制度,而此基本原则与基本制度与整部法律的具体规范之间有内在联系与逻辑,体现了部门法的特点。如果体育赛事知识产权被纳入各个部门法,看似可以做到条文上的独立,但无法与原有条文形成内在的不可分割的体系化逻辑,尤其是在涉及体育赛事知识产权独有内容时,可能与各个部门法的原则和基本制度相冲突,在冲突之下如何协调各个规范就成为一个颇为棘手而复杂的问题。

(二) 出台单行的体育赛事知识产权部门法

出台单行的体育赛事知识产权部门法属于分散化的立法模式,效仿了现有的知识产权保护体系,可以表现但不限于体育赛事转播权法、体育赛事品牌法、体育赛事商业秘密法等。这一立法模式也有其优势和劣势。其优势在于,单行立法效率高,能够最大限度地体现不同体育赛事知识产权类型的特点。各个体育赛事知识产权部门法可在其单独立法中设定具体化的原则、制度以及救济方式。最主要的是,国家可以根据重要性的不同对各个体育赛事知识产权部门法的类型设定具体的立法时间表,从而充分利用立法资源。其劣势在于,单行立法的出台无法反映体育赛事知识产权一体化的进程,散落的部门法立法方式是否能最终将所有的体育赛事知识产权类型都转化成部门法不得而知,在区分轻重缓急制定立法进度表后,某些非主要类型的体育赛事知识产权可能无法被纳入法律。例如,理论上提到的我国民族历史类体育活动,这一类体育赛事知识产权要单独立法,可能时间会非常久远,从而影响其实际的保护。

(三) 出台统一的体育赛事知识产权保护法律

统一的体育赛事知识产权保护法是最简单、最直接,也是最全面的立法模式。首先，统一的体育赛事知识产权立法可以将所有体育赛事知识产权类型全部纳入保护范围，避免了单行立法遗漏的可能。其次，统一的体育赛事知识产权立法可以提高体育赛事知识产权在我国法律体系中的地位，在国家主导法治化的进程中，提高整个社会对体育赛事知识产权的重视程度，并积极引导我国体育行业尊重、保护知识产权。最后，统一的体育赛事知识产权立法便于我国在国家交往中掌握知识产权的话语权，反向推动我国体育行业、体育产业在国际上的竞争力。但是，体育赛事知识产权统一立法模式耗时最长，具体条文也最复杂，消耗的总体立法成本也远高于前两种模式。

从比较法上来看，美国的体育立法做得较为完善。从1978年颁布《美国业余体育法》，到1998年修订《美国业余体育法》，最终形成了《美国奥林匹克与业余体育法》，为美国体育事业的发展做出了巨大的贡献。[1]笔者认为，从现阶段我国体育赛事知识产权保护现状来看，体育赛事知识产权的类型化研究进展各不相同，建立统一的体育赛事知识产权体系尚待时日。鉴于此，在三种模式中，笔者更倾向于第二种模式——针对重要问题进行有选择的立法，待未来理论研究充分、实践条件满足的时候再通过统一的立法模式解决此问题。

二、完善现有的知识产权诉讼体系

体育赛事知识产权具有特殊性，这种特殊性一方面表现在实体法上与

---

[1]《美国奥林匹克与业余体育法》可以划分为29节，共两章。该法律对法人及国内单项体育联合会的相关问题进行了规定，主要是解决业余体育组织之间的矛盾，充分发挥美国奥运会在推动不同业余体育组织之间的协调作用，使国家对业余体育有统一的管理，从而实现美国业余运动的国家目标。该法案明确了美国奥委会在美国的法律地位，为美国奥委会工作的开展提供了法律依据，为推动美国业余体育的规范化发展提供了保障。美国奥委会主要是通过对奥林匹克标志、名称及组合等商业权的开发，通过市场化运作来解决资金问题，通过从私营机构中筹措到的资金来保障机构的运行，在美国奥林匹克以及业余体育事业的发展过程中发挥着重要的作用。虽然美国也并未颁布专门的体育赛事知识产权法，但其专门化的立法模式值得我们学习。

传统知识产权的不同，另一方面也体现在体育赛事知识产权纠纷解决的专业性上。对于前者可通过单独的实体法立法解决，对于后者则需要从纠纷解决上的特殊性方面入手。纠纷解决上的特殊性表现在纠纷解决方式的特殊性和纠纷解决程序的特殊性上。前者要求建立与一般民事诉讼有所差别的纠纷解决模式。针对特殊类型的纠纷建立特殊的纠纷解决模式并不鲜见。例如，针对劳动合同相关的纠纷建立了劳动仲裁制度，针对我国农村土地承包权纠纷建立了农村土地承包经营纠纷调解仲裁制度。这种纠纷解决的类型化和专门化也适用于体育赛事知识产权，具体可以建立体育赛事知识产权仲裁制度，由兼具体育和法律多方面知识的人员组成体育赛事知识产权仲裁委员会，专门解决此问题。后者要求在具体的民事诉讼程序中嵌入特殊化因素。其实，我国已经进行了知识产权的审判专门化改革，其中建立了知识产权法院"三审合一"审理其中关涉的民事、行政、刑事案件，并且最高人民法院还出台了《最高人民法院关于北京、上海、广州知识产权法院案件管辖的规定》，凸显了体育赛事知识产权的审判专门化趋势。笔者十分赞同此种改革方式，并认为可以在现有实践改革的基础上建立专门的知识产权诉讼法，而体育赛事知识产权的相关诉讼制度也直接在其中予以体现。

第六章
结　论

　　体育赛事是指大型的竞技体育比赛。体育赛事与经济发展紧密相连，具有明显的财产属性与人身属性；但我国目前并未对体育赛事知识产权进行特殊的法律保护，即未能在立法与司法上对其采取差异化的应对措施。

　　体育赛事知识产权是指权利人在体育竞赛或相关产业经营等行业中具有经营性标志的新型智力成果，依据法律的规定对其所享有的专有权利的总称。体育赛事知识产权的保护看似为独立的法律概念，其实可纳入知识产权法律体系。但由于体育赛事知识产权保护对象具有模糊性与分散性，体育赛事转播权、体育赛事品牌以及体育赛事商业秘密等重要组成部分各具有特殊化的表现，故不能简单地通过现行知识产权法律对其进行解决。对此，建立单独的体育赛事知识产权保护法具有紧迫性，而如何在集中化保护与分散化保护中选择也成为立法上需要关注的重点。

　　体育赛事转播权并不是在出现伊始就具有复杂的法律意义，而是在法治化的过程中被纳入法学领域的。域外体育赛事转播权观点林立，当我国开始出现关于体育赛事转播权问题的讨论时，各种观点的理论来源也都与我国立法与司法实践密不可分。其中，试图通过现有《著作权法》来推定或寻找体育赛事转播权成为一种比较普遍的研究路径。但单纯地通过《著作权法》对其进行保护已经不够全面，因此将体育赛事转播权限定为特殊权利且给予单独立法方可起到更好的效果。

　　体育赛事品牌是体育赛事与市场经济结合的产物，不但承载着体育赛事之间的区别功能，更承载着丰厚的经济利益，因此通过法律途径对其进行保护、规制成为法治化国家的当然选择，将体育赛事品牌作为一种特定的受到限制的知识产权类型更有利于对其进行有针对性的保护。

体育赛事品牌被侵权已经成为体育赛事领域的重大问题，凸显了体育赛事品牌保护的重要性。我国对体育赛事品牌的保护并非采用集中化模式，而是更多地依赖散见于《商标法》《反不正当竞争法》中的条文进行规范，这降低了保护力度，增加了保护的不确定性，更无法统一体育赛事品牌保护的司法裁判。因此，将体育赛事品牌在理论上限定为特殊的知识产权，并将其以特定的权利模式展开立法，有利于体育赛事品牌的保护。

体育赛事商业秘密已经成为推动体育赛事发展的重要动力。在体育赛事商业秘密的具体保护中，体育赛事商业秘密的享有主体处于混乱、模糊的状态，多种级别的规范性文件共存更是加剧了体育赛事商业秘密的保护混乱，尤其经常采用政策性文件、通知的方式限制了体育赛事商业秘密的保护。应将体育赛事商业秘密作为一种特定的知识产权，通过专门立法的方式对其进行规范，并将其同时纳入体育赛事知识产权的理论范畴。

参考文献

中文文献

[1] 鲍明晓. 略论社会主义市场经济对体育事业的震撼 [J]. 北京体育师范学院学报, 1996 (4): 27-31.

[2] 常煜. 英格兰足球超级联赛赛事转播权营销研究 [D]. 北京: 北京体育大学, 2015.

[3] 陈彬, 胡峰. 论奥林匹克知识产权保护的法律依据 [J]. 体育科学, 2008 (3): 79-85.

[4] 陈伟伟, 包小林. 论健美操著作权的法律保护 [J]. 嘉兴学院学报, 2006 (2): 122-124.

[5] 陈洲. 论体育赛事电视转播权的法律保护 [D]. 兰州: 兰州大学, 2015.

[6] 费安玲. 论著作权的正当性——历史的透视与权利要素理论的思考 [J]. 科技与法律, 2004 (4): 42-51.

[7] 冯春. 体育赛事转播权二分法之反思 [J]. 法学论坛, 2016 (4): 126-132.

[8] 弗兰克兹·沃尔洛兹. 体育与版权 [J]. 体育文史, 1997 (1): 52-53.

[9] 苟民华. 商业秘密的法律保护 [J]. 甘肃行政学院学报, 2003 (3): 90-92.

[10] 郭谦. 体育赛事中的知识产权问题研究 [J]. 首都体育学院学报: 2017 (6): 489-493.

[11] 郭树理. 体育纠纷的多元化救济机制探讨: 比较法与国际法的视野 [M]. 北京: 法律出版社, 2004: 98.

[12] 韩勇. 体育法的理论与实践 [M]. 北京: 北京体育大学出版社, 2009: 140.

[13] 何慧娴.无争议规则与有争议实践-我国体育赛事广播电视转播权开发的实践与思考 [J].体育文化导刊,2002(6):2-10.

[14] 胡峰,刘强.体育训练方法的商业秘密保护 [J].武汉体育学院学报,2006(3):6-9.

[15] 胡效芳,张杨.论体育技战术创编动作的知识产权保护——以艺术体操项目为例的研究 [J].解放军体育学院学报,2004(4):68-70.

[16] 黄盛楠.体育专有技术的法律保护 [D].北京:北京化工大学,2015.

[17] 黄世席.奥运会转播权的法律问题 [J].华东政法大学学报,2008(3):110-115.

[18] 黄世席.国际体育争端及其解决方式初探 [J].法商研究,2003(1):119-125.

[19] 黄世席.欧盟体育赛事转播权法律问题研究 [J].法学评论,2008(6):77-85.

[20] 黄世席.仲裁解决体育争议初探 [J].北京体育大学学报,2004(12):1613-1614,1620.

[21] 蒋新苗,熊任翔.体育比赛电视转播权与知识产权划界初探 [J].体育学刊,2006(1):22-25.

[22] 蒋新苗,熊任翔.体育竞赛电视转播权跨国转让纠纷的救济途径 [J].北京体育大学学报,2004(11):1444-1446.

[23] 金雪涛,于晗.英国体育赛事转播权营销分析 [J].体育文化导刊,2011(9):88-92.

[24] 黎炯宗.电视现场实况转播 [M].北京:中国广播影视出版社,2012:10-35.

[25] 黎鸥.保护奥林匹克意义重大 [J].体育工作情况,2002(6):2-10.

[26] 李龙.日本知识产权法律制度 [M].北京:知识产权出版社,2012:1.

[27] 李圣傅.学校体育侵权的认识与规避 [J].体育世界(学术版),2012(10):9-10.

[28] 李圣旺.大型体育赛事转播权的法律性质分析 [J].特区经济,2006(4):302-303.

[29] 刘红.商品化权及其法律保护 [J].知识产权,2003(5):26-29.

[30] 刘金利,杨拥军.体育标志权人对体育标志使用许可产品的产品责任 [J].天津体育学院学报,2008(4):348-351.

[31] 刘强,胡峰.体育竞赛及其电视转播权的知识产权保护 [J].南京体育学院学报

（社会科学版），2006（2）：58-62.

[32] 刘宇晖．论体育赛事的可知识产权性［J］．知识产权，2015（10）：103-107.

[33] 鲁长芬，陈琦．从当代体育价值观的转变透视新时期体育功能［J］．体育学刊，2007（3）：126-129.

[34] 罗璇，郭讲用．体育信息网络传播的现状与对策［J］．上海体育学院学报，2003（3）：34-38.

[35] 吕明元．体育赛事电视转播权的开发与思考［J］．天津体育学院学报，1998（3）：3-5.

[36] 马法超，于善旭．论体育标志权的实现与救济［J］．天津体育学院学报，2002（3）：1-4.

[37] 马法超．体育赛事转播权的正当性［J］．体育学刊，2010（4）：19-23.

[38] 马法超．体育赛事转播权法律性质研究［J］．体育科学，2008（1）：66-70，88.

[39] 马法超．体育无形财产权探析［J］．武汉体育学院学报，2008（5）：33-37.

[40] 马法超．体育相关无形财产权问题研究［D］．北京：北京体育大学，2007.

[41] 马骁．奥运会电视转播权及网络转播权的法律分析［J］．电子知识产权，2003（4）：46-49.

[42] 梅术文．著作权法上的传播权研究［M］．北京：法律出版社，2012：60.

[43] 潘建华．体育赛事品牌的法律保护研究［J］．西安体育学院学报，2010（2）：158-161.

[44] 齐朝勇．中美体育赛事电视转播权营销现状比较研究［J］．西安体育学院学报，2006（2）：31-33.

[45] 钱玉林．对专有技术法律保护的几点思考［J］．法学，1995（7）：32-34.

[46] 乔泽波．体育赛事转播权知识产权性质的再辨析［J］．特区经济，2007（10）：244-245.

[47] 秦大魁．我国体育知识产权保护与研究［D］．重庆：西南大学，2006.

[48] 秦庆等．民族传统体育知识产权保护研究［J］．运动，2011（16）：142-143，154.

[49] 邱大卫．体育赛事电视转播权及其市场开发［J］．成都体育学院学报，2003（1）：36-38.

[50] 邵朱励．体育运动技术动作的可专利性质疑［J］．天津体育学院学报，2008

(4)：333-335，359.

[51] 申立.体育竞赛与版权保护[J].体育学刊，2005（2）：13-16.

[52] 史小强等.我国竞技体育功能的时代变迁与建议[J].上海体育学院学报，2015（6）：28-33.

[53] 孙浩.体育知识产权问题研究[D].北京：北京邮电大学，2017.

[54] 唐超华，黄时进.论同一商业秘密的多个权利主体[J].岳麓法学评论，2001（0）：158-161，11.

[55] 王立新.体育赛事转播中的法律问题研究[D].苏州：苏州大学，2016.

[56] 王猛.体育赛事传播权研究[D].上海：上海交通大学，2007.

[57] 王平远.大型体育赛事电视转播权有效开发探讨——基于福利经济学和博弈论的视角[J].体育科学，2010（10）：23-29.

[58] 王迁.知识产权法教程[M].北京：中国人民大学出版社，2007：72-73.

[59] 王晓东.全球性重大体育赛事电视转播权开发状况的解析与思考[J].武汉体育学院学报，2006（10）：19-23.

[60] 巍鹏娟.体育赛事电视转播权法律性质探析[J].首都体育学院学报，2006（5）：25-26，37.

[61] 韦之.著作权法原理[M].北京：北京大学出版社，1998：16.

[62] 吴汉东，胡开忠.无形财产权制度研究[M].北京：法律出版社，2001：181.

[63] 吴汉东.知识产权法[M].北京：中国政法大学出版社，2002：80.

[64] 吴汉东.形象的商品化与商品化的形象权[J].法学，2004（10）：77-89.

[65] 吴汉东.知识产权法[M].北京：法律出版社，2014：331.

[66] 吴进新.体育赛事转播权研究[D].广州：暨南大学，2013.

[67] 吴萌萌.论体育赛事转播权的法律保护——以央视国际诉世纪龙信息网络传播权侵权纠纷案为例[D].重庆：西南政法大学，2014.

[68] 武光前.体育冠名权的法律构成及其经济价值与地位[J].海南广播电视大学学报，2005（3）：38-41.

[69] 项建民.知识经济时代的体育知识产权保护[J].体育学刊，2002（4）：26-28.

[70] 熊任翔.体育比赛的著作权法律保护问题探析[J].企业家天地，2005（6）：84-85.

[71] 严波. 现场直播节目版权保护研究 [D]. 上海：华东政法大学，2015.

[72] 杨家坤，张玉超. 我国民族传统体育文化的知识产权保护研究 [J]. 山东体育学院学报，2012（6）：43-46.

[73] 杨林. 我国体育赛事知识产权法律实践保护研究 [D]. 北京：北京体育大学，2017.

[74] 姚鹤徽. 论体育赛事类节目法律保护制度的缺陷与完善 [J]. 体育科学，2015（5）：10-15，97.

[75] 尹田. 法国物权法 [M]. 北京：法律出版社，1998：13.

[76] 应华. 论体育赛事赞助的商业权利及其保护 [J]. 浙江体育科学，2003（4）：33-34，39.

[77] 于善旭，马法超. 体育标志与体育标志权初探 [J]. 天津体育学院学报，2001（3）：28-32，35.

[78] 于善旭. 体育无形资产的经济分析及我国的经营对策 [J]. 山东体育学院学报，2004（2）：6-11.

[79] 于振峰等. 我国职业篮球联赛电视转播权的开发及相关立法问题 [J]. 体育学刊，2003（5）：14-16.

[80] 袁秀挺. 知识产权在财产权体系中的定位 [J]. 华中科技大学学报（社会科学版），2003（2）：74-79，84.

[81] 詹学堂. 体育赛事节目的可版权性探究 [D]. 上海：华东政法大学，2016.

[82] 张洪潭. 体育概念研究进展 [J]. 体育与科学，2011（3）：11-19，26.

[83] 张洪潭. 体育的概念、术语、定义之解说立论 [J]. 西安体育学院学报，2006（4）：1-6.

[84] 张厚福. 论运动竞赛表演的知识产权保护 [J]. 体育科学，2001（2）：18-22，33.

[85] 张厚福. 体育赛事知识产权的产生与客体 [A]. 全国体育法制建设研讨会论文集 [C]. 2001（11）：11-18.

[86] 张杰. 运动竞赛表演中的著作权保护 [J]. 体育学刊，2001（4）：14-16.

[87] 张森. 中美两国体育休闲产业比较分析研究 [D]. 苏州：苏州大学，2013.

[88] 张晓茹. 再论诉讼担当——以担当人和被担当人在实体法和程序法上的关系为视

角[J]. 法学杂志, 2012 (2): 87-92.

[89] 张心全. 体育赛事转播权不是一种著作权[N]. 民主与法制时报, 2008-8-25 (A11).

[90] 张新萍. 体育赛事新媒体转播中侵权行为及法律规制[J]. 天津体育学院学报, 2013 (2): 167-170.

[91] 张旭霞. 浅谈体育比赛转播权的法律性质[J]. 电视研究, 2002 (10): 70.

[92] 张岩晶. 试论我国体育知识产权的保护问题[J]. 体育科技文献通报, 2014 (6): 117-118.

[93] 张岩晶. 试论我国体育知识产权法律保护制度的构建[J]. 贵州体育科技, 2012 (4): 12-15.

[94] 张玉超. 我国体育知识产权的基本法律问题研究[J]. 中国体育科技, 2014 (2): 103-111.

[95] 张玉超, 张治国. 我国体育专有技术的法律性质及保护对策[J]. 武汉体育学院学报, 2011 (3): 32-39.

[96] 张玉瑞. 商业秘密法学[M]. 北京: 中国法制出版社, 1999: 152.

[97] 张志伟. 体育赛事转播权的法律保护路径[J]. 武汉体育学院学报, 2013 (5): 53-57.

[98] 赵发田. 创意经济时代: 民族传统体育发展的新契机[J]. 体育与科学, 2011 (3): 84-87.

[99] 赵是瞻. 体育知识产权保护[D]. 湘潭: 湘潭大学, 2008.

[100] 赵智岗, 马法超. 体育标志权与相关权利的关系研究[J]. 沈阳体育学院学报, 2009 (4): 39-41.

[101] 周在群. 二十世纪体坛背后的秘密——体育间谍, 穿梭赛场的神秘客[J]. 法律与生活, 2001 (2): 72-75.

[102] 朱明, 张小林. 商业秘密的主体资格和内容探讨[J]. 商业现代化, 2014 (31): 45.

英文文献

[1] WIPO, Introduction to Intellectual Property: Theory and Practice, Kluwer Law International, 1997.

[2] Michael J Beloff, Tim Kerr, Marie Demetriou. Sports Law, Oxford: Hart Publishing, 1999.

[3] Julis C S Pinckaers, From Privacy toward a New Intellectual Property Right in Persona, Kluwer Law International, 1996.

[4] Melville B. Nimmer, The Right of Publicity, 19 Law & Contemp Orary Problems, 1954.

[5] Martin J, Greenberg. Sport Law Practice, Michie Co., 1993.

[6] Joseph William Singer, Property Law: Rules, Policies, and Practies (Third Edition), Beijing: CITIC Publishing House, 2003.

[7] James A R Nafziger, International Sport Law, New York: Transnational Publishers Inc, 2004.

[8] J. Quirk, R. R. Fort. Pay Dirt: The Business of Professional Team Sports. Princeton University Press, 2001.

[9] Ians. Blackshaw, Robert C. R. Siekmann, Sports Image Rights in Europe, T. M. C. Asser Press, 2005.

[10] Edward Grayson, Sport and The Law (Third Edition), London: Butterworths, 2000.

[11] Benjamin G. Rader, In Its Own Image: How Television Has Transformed Sports, New York, The Free Press, 1984.

[12] Aaron N. Wise, Bruce S. Meyer, International Sports Law and Business, Kluwer Law Intemational, 1997.

[13] Adam Epstein, Sports Law, Tomson: Delmer Learning, 2003.

[14] David Thorpe, Sports Law, Oxford University Press, 2009.

[15] Glenn M. Wong, Essentials Of Sports Law (Fourth Edition), Praeger Publishers, 2009.

[16] Adam Epstein, The Adea And Sports Law, 16 Journal of Legal Aspects of Sport 177 (2006).

[17] Amy M. Keaney, Not Like It Was In The Old Days: Is The Americans With Disabilities Act Changing The Face Of Sports As We Know It? 10 Villanova Sports & Ent. Law Jour-

nal 153 (2003).

[18] Bethany Swaton, Girls Can Play, Too: Has The Lack Of Female Leadership In Ncaa Athletics Become An Afterthought, 20 Seton Hall J. Sports & Ent. L. L (2010).

[19] Claire Williams, Sexual Orientation Harassment And Discrimination: Legal Protection for Student-Athletes, 17 Journal of Legal Aspects of Sport 253 (2007).

[20] Henry T. Greely, Disabilities, Enhancements, And The Meaning Of Sports, 15 Stanford Law & Policy Review 99 (2004).

[21] David Mcardle, Using the Americans With Disabilities Act to Inform "Access To Sporting Venues" Under The Disabilities Convention, 27 B. U. Int'l L. J. 317 (2009).

[22] Jamal Greene, Hands Off Policy: Equal Protection and The Contact Sports Exemption of Title IX, 11 Michigan Journal of Gender and Law 133 (2005).

[23] James Puszczewicz, Chalk Talk: The Fourth Circuit Kicks A Hole Through Contact-Sport Exception to Tile IX, 29 Journal of Law and Education 107 (2000).

[24] Jason Kroll, Second Class Athletes: The USOG's Treatment of Its Paralympians, 23 Cardozo Art & Entertainment Law Journal 307 (2005).

[25] Jeffrey Michael Cromer, Creating an Uncomfortable Fit in Applying the ADA To Professional Sports, 36 Indiana Law Review 149 (2003).

[26] Timothy Davis, Race and Sport in America: An Historical Overview, 7 Virginia Sports and Entertainment Law Jounal 291 (2008).

[27] Suzanne Sangree, Title IX and The Contact Sports Exception: Gender Stereotypes in A Civil Rights Statute, 32 Connecticut Law Review 381 (2000).

[28] Susannah Carr, Title IX: an Opportunity to Level the Olympic Playing Field, 19 Seton Hall J. Sports & Enter. L149 (2009).

[29] Patricia A. Cain, Women, Race And Sports: Life Before Title IX, The Journal Of Gender, Race & Justice 337 (2001).

[30] Meghan M. Gavin, Leveling The Playing Field: Sex Equality In Athletics, 35 Mcgeorge Law Review 445 (2004).

附　录

附录 1　访谈提纲

1. 理论上是否对体育赛事知识产权形成了统一的概念？
2. 理论上，体育赛事知识产权的具体类型有哪些？
3. 体育赛事转播权的性质是什么？
4. 现阶段，我国司法实践如何保护体育赛事转播权？
5. 体育赛事品牌与一般的商业品牌有何关系？
6. 现阶段，我国体育赛事品牌的保护途径主要有哪些？
7. 体育赛事商业秘密与一般的商业秘密有何关系？
8. 体育赛事商业秘密在实践中有何表现？
9. 未来我国针对体育赛事知识产权进行何种立法？
10. 体育赛事知识产权立法与现行知识产权立法有何关系？

附录2 主要专家名单

吴汉东——中南财经政法大学原校长
何炼红——中南大学法学院教授
陈礼——美国特拉华州立大学体育科学系终身教授
高赞——美国明尼苏达大学运动科学系终身教授
肖冬梅——湘潭大学法学院教授
汪洪——北京市知识产权局局长
李舜——湖南省体育局局长
龚世益——湖南省知识产权局原局长
汤长发——湖南师范大学体育学院教授
金育强——湖南师范大学体育学院教授
李艳翎——湖南师范大学体育学院教授
马卫平——湖南师范大学体育学院教授
张继生——湖南师范大学体育学院教授
罗湘林——湖南师范大学体育学院教授
田祖国——湖南大学体育学院教授
刘亚云——湖南工业大学体育学院教授
李钟——北京市知识产权局副局长
刘跃红——湖南省知识产权局原副局长
覃永忠——湖南省知识产权局副局长
丁旭——湖南省知识产权局副局长
周晓军——国家知识产权局

王冬——国家知识产权局专利复审委员会
徐拥军——长沙市知识产权局副局长
段永兴——株洲市知识产权局副局长
罗宗红——常德市科学技术局副局长
陈彬——湖南省体育产业集团总经理
李弘——知识产权律师
李翔——知识产权律师

附录3 中华人民共和国专利法

中华人民共和国专利法

（1984年3月12日第六届全国人民代表大会常务委员会第四次会议通过 根据1992年9月4日第七届全国人民代表大会常务委员会第二十七次会议《关于修改〈中华人民共和国专利法〉的决定》第一次修正 根据2000年8月25日第九届全国人民代表大会常务委员会第十七次会议《关于修改〈中华人民共和国专利法〉的决定》第二次修正 根据2008年12月27日第十一届全国人民代表大会常务委员会第六次会议《关于修改〈中华人民共和国专利法〉的决定》第三次修正 根据2020年10月17日第十三届全国人民代表大会常务委员会第二十二次会议《关于修改<中华人民共和国专利法>的决定》第四次修正）

第一章 总 则

第一条 为了保护专利权人的合法权益，鼓励发明创造，推动发明创造的应用，提高创新能力，促进科学技术进步和经济社会发展，制定本法。

第二条 本法所称的发明创造是指发明、实用新型和外观设计。

发明，是指对产品、方法或者其改进所提出的新的技术方案。

实用新型，是指对产品的形状、构造或者其结合所提出的适于实用的新的技术方案。

外观设计，是指对产品的整体或者局部的形状、图案或者其结合以及色彩与形状、图案的结合所作出的富有美感并适于工业应用的新设计。

第三条 国务院专利行政部门负责管理全国的专利工作；统一受理和审查专利申请，依法授予专利权。

省、自治区、直辖市人民政府管理专利工作的部门负责本行政区域内的专利管理工作。

第四条 申请专利的发明创造涉及国家安全或者重大利益需要保密的，按照国家有关规定办理。

第五条 对违反法律、社会公德或者妨害公共利益的发明创造，不授予专利权。

对违反法律、行政法规的规定获取或者利用遗传资源，并依赖该遗传资源完成的发明创造，不授予专利权。

第六条 执行本单位的任务或者主要是利用本单位的物质技术条件所完成的发明创造为职务发明创造。职务发明创造申请专利的权利属于该单位，申请被批准后，该单位为专利权人。该单位可以依法处置其职务发明创造申请专利的权利和专利权，促进相关发明创造的实施和运用。

非职务发明创造，申请专利的权利属于发明人或者设计人；申请被批准后，该发明人或者设计人为专利权人。

利用本单位的物质技术条件所完成的发明创造，单位与发明人或者设计人订有合同，对申请专利的权利和专利权的归属作出约定的，从其约定。

第七条 对发明人或者设计人的非职务发明创造专利申请，任何单位或者个人不得压制。

第八条 两个以上单位或者个人合作完成的发明创造、一个单位或者个人接受其他单位或者个人委托所完成的发明创造，除另有协议的以外，申请专利的权利属于完成或者共同完成的单位或者个人；申请被批准后，申请的单位或者个人为专利权人。

第九条　同样的发明创造只能授予一项专利权。但是，同一申请人同日对同样的发明创造既申请实用新型专利又申请发明专利，先获得的实用新型专利权尚未终止，且申请人声明放弃该实用新型专利权的，可以授予发明专利权。

两个以上的申请人分别就同样的发明创造申请专利的，专利权授予最先申请的人。

第十条　专利申请权和专利权可以转让。

中国单位或者个人向外国人、外国企业或者外国其他组织转让专利申请权或者专利权的，应当依照有关法律、行政法规的规定办理手续。

转让专利申请权或者专利权的，当事人应当订立书面合同，并向国务院专利行政部门登记，由国务院专利行政部门予以公告。专利申请权或者专利权的转让自登记之日起生效。

第十一条　发明和实用新型专利权被授予后，除本法另有规定的以外，任何单位或者个人未经专利权人许可，都不得实施其专利，即不得为生产经营目的制造、使用、许诺销售、销售、进口其专利产品，或者使用其专利方法以及使用、许诺销售、销售、进口依照该专利方法直接获得的产品。

外观设计专利权被授予后，任何单位或者个人未经专利权人许可，都不得实施其专利，即不得为生产经营目的制造、许诺销售、销售、进口其外观设计专利产品。

第十二条　任何单位或者个人实施他人专利的，应当与专利权人订立实施许可合同，向专利权人支付专利使用费。被许可人无权允许合同规定以外的任何单位或者个人实施该专利。

第十三条　发明专利申请公布后，申请人可以要求实施其发明的单位或者个人支付适当的费用。

第十四条　专利申请权或者专利权的共有人对权利的行使有约定的，

从其约定。没有约定的，共有人可以单独实施或者以普通许可方式许可他人实施该专利；许可他人实施该专利的，收取的使用费应当在共有人之间分配。

除前款规定的情形外，行使共有的专利申请权或者专利权应当取得全体共有人的同意。

第十五条 被授予专利权的单位应当对职务发明创造的发明人或者设计人给予奖励；发明创造专利实施后，根据其推广应用的范围和取得的经济效益，对发明人或者设计人给予合理的报酬。

国家鼓励被授予专利权的单位实行产权激励，采取股权、期权、分红等方式，使发明人或者设计人合理分享创新收益。

第十六条 发明人或者设计人有权在专利文件中写明自己是发明人或者设计人。

专利权人有权在其专利产品或者该产品的包装上标明专利标识。

第十七条 在中国没有经常居所或者营业所的外国人、外国企业或者外国其他组织在中国申请专利的，依照其所属国同中国签订的协议或者共同参加的国际条约，或者依照互惠原则，根据本法办理。

第十八条 在中国没有经常居所或者营业所的外国人、外国企业或者外国其他组织在中国申请专利和办理其他专利事务的，应当委托依法设立的专利代理机构办理。

中国单位或者个人在国内申请专利和办理其他专利事务的，可以委托依法设立的专利代理机构办理。

专利代理机构应当遵守法律、行政法规，按照被代理人的委托办理专利申请或者其他专利事务；对被代理人发明创造的内容，除专利申请已经公布或者公告的以外，负有保密责任。专利代理机构的具体管理办法由国务院规定。

第十九条 任何单位或者个人将在中国完成的发明或者实用新型向外

国申请专利的,应当事先报经国务院专利行政部门进行保密审查。保密审查的程序、期限等按照国务院的规定执行。

中国单位或者个人可以根据中华人民共和国参加的有关国际条约提出专利国际申请。申请人提出专利国际申请的,应当遵守前款规定。

国务院专利行政部门依照中华人民共和国参加的有关国际条约、本法和国务院有关规定处理专利国际申请。

对违反本条第一款规定向外国申请专利的发明或者实用新型,在中国申请专利的,不授予专利权。

第二十条　申请专利和行使专利权应当遵循诚实信用原则。不得滥用专利权损害公共利益或者他人合法权益。

滥用专利权,排除或者限制竞争,构成垄断行为的,依照《中华人民共和国反垄断法》处理。

第二十一条　国务院专利行政部门应当按照客观、公正、准确、及时的要求,依法处理有关专利的申请和请求。

国务院专利行政部门应当加强专利信息公共服务体系建设,完整、准确、及时发布专利信息,提供专利基础数据,定期出版专利公报,促进专利信息传播与利用。

在专利申请公布或者公告前,国务院专利行政部门的工作人员及有关人员对其内容负有保密责任。

第二章　授予专利权的条件

第二十二条　授予专利权的发明和实用新型,应当具备新颖性、创造性和实用性。

新颖性,是指该发明或者实用新型不属于现有技术;也没有任何单位或者个人就同样的发明或者实用新型在申请日以前向国务院专利行政部门提出过申请,并记载在申请日以后公布的专利申请文件或者公告的专利文件中。

创造性，是指与现有技术相比，该发明具有突出的实质性特点和显著的进步，该实用新型具有实质性特点和进步。

实用性，是指该发明或者实用新型能够制造或者使用，并且能够产生积极效果。

本法所称现有技术，是指申请日以前在国内外为公众所知的技术。

第二十三条 授予专利权的外观设计，应当不属于现有设计；也没有任何单位或者个人就同样的外观设计在申请日以前向国务院专利行政部门提出过申请，并记载在申请日以后公告的专利文件中。

授予专利权的外观设计与现有设计或者现有设计特征的组合相比，应当具有明显区别。

授予专利权的外观设计不得与他人在申请日以前已经取得的合法权利相冲突。

本法所称现有设计，是指申请日以前在国内外为公众所知的设计。

第二十四条 申请专利的发明创造在申请日以前六个月内，有下列情形之一的，不丧失新颖性：

（一）在国家出现紧急状态或者非常情况时，为公共利益目的首次公开的；

（二）在中国政府主办或者承认的国际展览会上首次展出的；

（三）在规定的学术会议或者技术会议上首次发表的；

（四）他人未经申请人同意而泄露其内容的。

第二十五条 对下列各项，不授予专利权：

（一）科学发现；

（二）智力活动的规则和方法；

（三）疾病的诊断和治疗方法；

（四）动物和植物品种；

（五）原子核变换方法以及用原子核变换方法获得的物质；

（六）对平面印刷品的图案、色彩或者二者的结合作出的主要起标识作用的设计。

对前款第（四）项所列产品的生产方法，可以依照本法规定授予专利权。

第三章　专利的申请

第二十六条　申请发明或者实用新型专利的，应当提交请求书、说明书及其摘要和权利要求书等文件。

请求书应当写明发明或者实用新型的名称，发明人的姓名，申请人姓名或者名称、地址，以及其他事项。

说明书应当对发明或者实用新型作出清楚、完整的说明，以所属技术领域的技术人员能够实现为准；必要的时候，应当有附图。摘要应当简要说明发明或者实用新型的技术要点。

权利要求书应当以说明书为依据，清楚、简要地限定要求专利保护的范围。

依赖遗传资源完成的发明创造，申请人应当在专利申请文件中说明该遗传资源的直接来源和原始来源；申请人无法说明原始来源的，应当陈述理由。

第二十七条　申请外观设计专利的，应当提交请求书、该外观设计的图片或者照片以及对该外观设计的简要说明等文件。

申请人提交的有关图片或者照片应当清楚地显示要求专利保护的产品的外观设计。

第二十八条　国务院专利行政部门收到专利申请文件之日为申请日。如果申请文件是邮寄的，以寄出的邮戳日为申请日。

第二十九条　申请人自发明或者实用新型在外国第一次提出专利申请

之日起十二个月内,或者自外观设计在外国第一次提出专利申请之日起六个月内,又在中国就相同主题提出专利申请的,依照该外国同中国签订的协议或者共同参加的国际条约,或者依照相互承认优先权的原则,可以享有优先权。

申请人自发明或者实用新型在中国第一次提出专利申请之日起十二个月内,或者自外观设计在中国第一次提出专利申请之日起六个月内,又向国务院专利行政部门就相同主题提出专利申请的,可以享有优先权。

第三十条　申请人要求发明、实用新型专利优先权的,应当在申请的时候提出书面声明,并且在第一次提出申请之日起十六个月内,提交第一次提出的专利申请文件的副本。

申请人要求外观设计专利优先权的,应当在申请的时候提出书面声明,并且在三个月内提交第一次提出的专利申请文件的副本。

申请人未提出书面声明或者逾期未提交专利申请文件副本的,视为未要求优先权。

第三十一条　一件发明或者实用新型专利申请应当限于一项发明或者实用新型。属于一个总的发明构思的两项以上的发明或者实用新型,可以作为一件申请提出。

一件外观设计专利申请应当限于一项外观设计。同一产品两项以上的相似外观设计,或者用于同一类别并且成套出售或者使用的产品的两项以上外观设计,可以作为一件申请提出。

第三十二条　申请人可以在被授予专利权之前随时撤回其专利申请。

第三十三条　申请人可以对其专利申请文件进行修改,但是,对发明和实用新型专利申请文件的修改不得超出原说明书和权利要求书记载的范围,对外观设计专利申请文件的修改不得超出原图片或者照片表示的范围。

第四章 专利申请的审查和批准

第三十四条 国务院专利行政部门收到发明专利申请后，经初步审查认为符合本法要求的，自申请日起满十八个月，即行公布。国务院专利行政部门可以根据申请人的请求早日公布其申请。

第三十五条 发明专利申请自申请日起三年内，国务院专利行政部门可以根据申请人随时提出的请求，对其申请进行实质审查；申请人无正当理由逾期不请求实质审查的，该申请即被视为撤回。

国务院专利行政部门认为必要的时候，可以自行对发明专利申请进行实质审查。

第三十六条 发明专利的申请人请求实质审查的时候，应当提交在申请日前与其发明有关的参考资料。

发明专利已经在外国提出过申请的，国务院专利行政部门可以要求申请人在指定期限内提交该国为审查其申请进行检索的资料或者审查结果的资料；无正当理由逾期不提交的，该申请即被视为撤回。

第三十七条 国务院专利行政部门对发明专利申请进行实质审查后，认为不符合本法规定的，应当通知申请人，要求其在指定的期限内陈述意见，或者对其申请进行修改；无正当理由逾期不答复的，该申请即被视为撤回。

第三十八条 发明专利申请经申请人陈述意见或者进行修改后，国务院专利行政部门仍然认为不符合本法规定的，应当予以驳回。

第三十九条 发明专利申请经实质审查没有发现驳回理由的，由国务院专利行政部门作出授予发明专利权的决定，发给发明专利证书，同时予以登记和公告。发明专利权自公告之日起生效。

第四十条 实用新型和外观设计专利申请经初步审查没有发现驳回理由的，由国务院专利行政部门作出授予实用新型专利权或者外观设计专利权的决定，发给相应的专利证书，同时予以登记和公告。实用新型专利权和外观设计专利权自公告之日起生效。

第四十一条 专利申请人对国务院专利行政部门驳回申请的决定不服的，可以自收到通知之日起三个月内向国务院专利行政部门请求复审。国务院专利行政部门复审后，作出决定，并通知专利申请人。

专利申请人对国务院专利行政部门的复审决定不服的，可以自收到通知之日起三个月内向人民法院起诉。

第五章　专利权的期限、终止和无效

第四十二条 发明专利权的期限为二十年，实用新型专利权的期限为十年，外观设计专利权的期限为十五年，均自申请日起计算。

自发明专利申请日起满四年，且自实质审查请求之日起满三年后授予发明专利权的，国务院专利行政部门应专利权人的请求，就发明专利在授权过程中的不合理延迟给予专利权期限补偿，但由申请人引起的不合理延迟除外。

为补偿新药上市审评审批占用的时间，对在中国获得上市许可的新药相关发明专利，国务院专利行政部门应专利权人的请求给予专利权期限补偿。补偿期限不超过五年，新药批准上市后总有效专利权期限不超过十四年。

第四十三条 专利权人应当自被授予专利权的当年开始缴纳年费。

第四十四条 有下列情形之一的，专利权在期限届满前终止：

（一）没有按照规定缴纳年费的；

（二）专利权人以书面声明放弃其专利权的。

专利权在期限届满前终止的，由国务院专利行政部门登记和公告。

第四十五条 自国务院专利行政部门公告授予专利权之日起，任何单位或者个人认为该专利权的授予不符合本法有关规定的，可以请求国务院专利行政部门宣告该专利权无效。

第四十六条 国务院专利行政部门对宣告专利权无效的请求应当及时审查和作出决定，并通知请求人和专利权人。宣告专利权无效的决定，由国务院专利行政部门登记和公告。

对国务院专利行政部门宣告专利权无效或者维持专利权的决定不服的，可以自收到通知之日起三个月内向人民法院起诉。人民法院应当通知无效宣告请求程序的对方当事人作为第三人参加诉讼。

第四十七条 宣告无效的专利权视为自始即不存在。

宣告专利权无效的决定，对在宣告专利权无效前人民法院作出并已执行的专利侵权的判决、调解书，已经履行或者强制执行的专利侵权纠纷处理决定，以及已经履行的专利实施许可合同和专利权转让合同，不具有追溯力。但是因专利权人的恶意给他人造成的损失，应当给予赔偿。

依照前款规定不返还专利侵权赔偿金、专利使用费、专利权转让费，明显违反公平原则的，应当全部或者部分返还。

第六章 专利实施的特别许可

第四十八条 国务院专利行政部门、地方人民政府管理专利工作的部门应当会同同级相关部门采取措施，加强专利公共服务，促进专利实施和运用。

第四十九条 国有企业事业单位的发明专利，对国家利益或者公共利益具有重大意义的，国务院有关主管部门和省、自治区、直辖市人民政府报经国务院批准，可以决定在批准的范围内推广应用，允许指定的单位实施，由实施单位按照国家规定向专利权人支付使用费。

第五十条 专利权人自愿以书面方式向国务院专利行政部门声明愿意许可任何单位或者个人实施其专利，并明确许可使用费支付方式、标准的，由国务院专利行政部门予以公告，实行开放许可。就实用新型、外观设计专利提出开放许可声明的,应当提供专利权评价报告。

专利权人撤回开放许可声明的,应当以书面方式提出,并由国务院专利行政部门予以公告。开放许可声明被公告撤回的,不影响在先给予的开放许可的效力。

第五十一条 任何单位或者个人有意愿实施开放许可的专利的,以书面方式通知专利权人,并依照公告的许可使用费支付方式、标准支付许可使用费后,即获得专利实施许可。

开放许可实施期间,对专利权人缴纳专利年费相应给予减免。

实行开放许可的专利权人可以与被许可人就许可使用费进行协商后给予普通许可,但不得就该专利给予独占或者排他许可。

第五十二条 当事人就实施开放许可发生纠纷的,由当事人协商解决;不愿协商或者协商不成的,可以请求国务院专利行政部门进行调解,也可以向人民法院起诉。

第五十三条 有下列情形之一的,国务院专利行政部门根据具备实施条件的单位或者个人的申请,可以给予实施发明专利或者实用新型专利的强制许可:

(一)专利权人自专利权被授予之日起满三年,且自提出专利申请之日起满四年,无正当理由未实施或者未充分实施其专利的;

(二)专利权人行使专利权的行为被依法认定为垄断行为,为消除或者减少该行为对竞争产生的不利影响的。

第五十四条 在国家出现紧急状态或者非常情况时,或者为了公共利益的目的,国务院专利行政部门可以给予实施发明专利或者实用新型专利的强制许可。

第五十五条 为了公共健康目的,对取得专利权的药品,国务院专利行政部门可以给予制造并将其出口到符合中华人民共和国参加的有关国际条约规定的国家或者地区的强制许可。

第五十六条 一项取得专利权的发明或者实用新型比前已经取得专利权的发明或者实用新型具有显著经济意义的重大技术进步,其实施又有赖于前一发明或者实用新型的实施的,国务院专利行政部门根据后一专利权人的申请,可以给予实施前一发明或者实用新型的强制许可。

在依照前款规定给予实施强制许可的情形下,国务院专利行政部门根据前一专利权人的申请,也可以给予实施后一发明或者实用新型的强制许可。

第五十七条 强制许可涉及的发明创造为半导体技术的,其实施限于公共利益的目的和本法第五十三条第(二)项规定的情形。

第五十八条 除依照本法第五十三条第(二)项、第五十五条规定给予的强制许可外,强制许可的实施应当主要为了供应国内市场。

第五十九条 依照本法第五十三条第(一)项、第五十六条规定申请强制许可的单位或者个人应当提供证据,证明其以合理的条件请求专利权人许可其实施专利,但未能在合理的时间内获得许可。

第六十条 国务院专利行政部门作出的给予实施强制许可的决定,应当及时通知专利权人,并予以登记和公告。

给予实施强制许可的决定,应当根据强制许可的理由规定实施的范围和时间。强制许可的理由消除并不再发生时,国务院专利行政部门应当根据专利权人的请求,经审查后作出终止实施强制许可的决定。

第六十一条 取得实施强制许可的单位或者个人不享有独占的实施权,并且无权允许他人实施。

第六十二条 取得实施强制许可的单位或者个人应当付给专利权人合理的使用费,或者依照中华人民共和国参加的有关国际条约的规定处理使用费问题。付给使用费的,其数额由双方协商;双方不能达成协议的,由国务院专利行政部门裁决。

第六十三条 专利权人对国务院专利行政部门关于实施强制许可的决

定不服的，专利权人和取得实施强制许可的单位或者个人对国务院专利行政部门关于实施强制许可的使用费的裁决不服的，可以自收到通知之日起三个月内向人民法院起诉。

第七章　专利权的保护

第六十四条　发明或者实用新型专利权的保护范围以其权利要求的内容为准，说明书及附图可以用于解释权利要求的内容。

外观设计专利权的保护范围以表示在图片或者照片中的该产品的外观设计为准，简要说明可以用于解释图片或者照片所表示的该产品的外观设计。

第六十五条　未经专利权人许可，实施其专利，即侵犯其专利权，引起纠纷的，由当事人协商解决；不愿协商或者协商不成的，专利权人或者利害关系人可以向人民法院起诉，也可以请求管理专利工作的部门处理。管理专利工作的部门处理时，认定侵权行为成立的，可以责令侵权人立即停止侵权行为，当事人不服的，可以自收到处理通知之日起十五日内依照《中华人民共和国行政诉讼法》向人民法院起诉；侵权人期满不起诉又不停止侵权行为的，管理专利工作的部门可以申请人民法院强制执行。进行处理的管理专利工作的部门应当事人的请求，可以就侵犯专利权的赔偿数额进行调解；调解不成的，当事人可以依照《中华人民共和国民事诉讼法》向人民法院起诉。

第六十六条　专利侵权纠纷涉及新产品制造方法的发明专利的，制造同样产品的单位或者个人应当提供其产品制造方法不同于专利方法的证明。

专利侵权纠纷涉及实用新型专利或者外观设计专利的，人民法院或者管理专利工作的部门可以要求专利权人或者利害关系人出具由国务院专利行政部门对相关实用新型或者外观设计进行检索、分析和评价后作出的专利权评价报告,作为审理、处理专利侵权纠纷的证据;专利权人、利害关系人或者被控侵权人也可以主动出具专利权评价报告。

第六十七条 在专利侵权纠纷中,被控侵权人有证据证明其实施的技术或者设计属于现有技术或者现有设计的,不构成侵犯专利权。

第六十八条 假冒专利的,除依法承担民事责任外,由负责专利执法的部门责令改正并予公告,没收违法所得,可以处违法所得五倍以下的罚款;没有违法所得或者违法所得在五万元以下的,可以处二十五万元以下的罚款;构成犯罪的,依法追究刑事责任。

第六十九条 负责专利执法的部门根据已经取得的证据,对涉嫌假冒专利行为进行查处时,有权采取下列措施:

(一)询问有关当事人,调查与涉嫌违法行为有关的情况;

(二)对当事人涉嫌违法行为的场所实施现场检查;

(三)查阅、复制与涉嫌违法行为有关的合同、发票、账簿以及其他有关资料;

(四)检查与涉嫌违法行为有关的产品;

(五)对有证据证明是假冒专利的产品,可以查封或者扣押。

管理专利工作的部门应专利权人或者利害关系人的请求处理专利侵权纠纷时,可以采取前款第(一)项、第(二)项、第(四)项所列措施。

负责专利执法的部门、管理专利工作的部门依法行使前两款规定的职权时,当事人应当予以协助、配合,不得拒绝、阻挠。

第七十条 国务院专利行政部门可以应专利权人或者利害关系人的请求处理在全国有重大影响的专利侵权纠纷。

地方人民政府管理专利工作的部门应专利权人或者利害关系人请求处理专利侵权纠纷,对在本行政区域内侵犯其同一专利权的案件可以合并处理;对跨区域侵犯其同一专利权的案件可以请求上级地方人民政府管理专利工作的部门处理。

第七十一条 侵犯专利权的赔偿数额按照权利人因被侵权所受到的实际损失或者侵权人因侵权所获得的利益确定；权利人的损失或者侵权人获得的利益难以确定的，参照该专利许可使用费的倍数合理确定。对故意侵犯专利权，情节严重的，可以在按照上述方法确定数额的一倍以上五倍以下确定赔偿数额。

权利人的损失、侵权人获得的利益和专利许可使用费均难以确定的，人民法院可以根据专利权的类型、侵权行为的性质和情节等因素，确定给予三万元以上五百万元以下的赔偿。

赔偿数额还应当包括权利人为制止侵权行为所支付的合理开支。

人民法院为确定赔偿数额，在权利人已经尽力举证，而与侵权行为相关的账簿、资料主要由侵权人掌握的情况下，可以责令侵权人提供与侵权行为相关的账簿、资料；侵权人不提供或者提供虚假的账簿、资料的，人民法院可以参考权利人的主张和提供的证据判定赔偿数额。

第七十二条 专利权人或者利害关系人有证据证明他人正在实施或者即将实施侵犯专利权、妨碍其实现权利的行为，如不及时制止将会使其合法权益受到难以弥补的损害的，可以在起诉前依法向人民法院申请采取财产保全、责令作出一定行为或者禁止作出一定行为的措施。

第七十三条 为了制止专利侵权行为，在证据可能灭失或者以后难以取得的情况下，专利权人或者利害关系人可以在起诉前依法向人民法院申请保全证据。

第七十四条 侵犯专利权的诉讼时效为三年，自专利权人或者利害关系人知道或者应当知道侵权行为以及侵权人之日起计算。

发明专利申请公布后至专利权授予前使用该发明未支付适当使用费的，专利权人要求支付使用费的诉讼时效为三年，自专利权人知道或者应当知道他人使用其发明之日起计算，但是，专利权人于专利权授予之日前即已知道或者应当知道的，自专利权授予之日起计算。

第七十五条 有下列情形之一的，不视为侵犯专利权：

（一）专利产品或者依照专利方法直接获得的产品，由专利权人或者经其许可的单位、个人售出后，使用、许诺销售、销售、进口该产品的；

（二）在专利申请日前已经制造相同产品、使用相同方法或者已经作好制造、使用的必要准备，并且仅在原有范围内继续制造、使用的；

（三）临时通过中国领陆、领水、领空的外国运输工具，依照其所属国同中国签订的协议或者共同参加的国际条约，或者依照互惠原则，为运输工具自身需要而在其装置和设备中使用有关专利的；

（四）专为科学研究和实验而使用有关专利的；

（五）为提供行政审批所需要的信息，制造、使用、进口专利药品或者专利医疗器械的，以及专门为其制造、进口专利药品或者专利医疗器械的。

第七十六条 药品上市审评审批过程中，药品上市许可申请人与有关专利权人或者利害关系人，因申请注册的药品相关的专利权产生纠纷的，相关当事人可以向人民法院起诉，请求就申请注册的药品相关技术方案是否落入他人药品专利权保护范围作出判决。国务院药品监督管理部门在规定的期限内，可以根据人民法院生效裁判作出是否暂停批准相关药品上市的决定。

药品上市许可申请人与有关专利权人或者利害关系人也可以就申请注册的药品相关的专利权纠纷，向国务院专利行政部门请求行政裁决。

国务院药品监督管理部门会同国务院专利行政部门制定药品上市许可审批与药品上市许可申请阶段专利权纠纷解决的具体衔接办法，报国务院同意后实施。

第七十七条 为生产经营目的使用、许诺销售或者销售不知道是未经专利权人许可而制造并售出的专利侵权产品，能证明该产品合法来源的，不承担赔偿责任。

第七十八条 违反本法第十九条规定向外国申请专利，泄露国家秘密的，由所在单位或者上级主管机关给予行政处分；构成犯罪的，依法追究刑事责任。

第七十九条 管理专利工作的部门不得参与向社会推荐专利产品等经营活动。

管理专利工作的部门违反前款规定的，由其上级机关或者监察机关责令改正，消除影响，有违法收入的予以没收；情节严重的，对直接负责的主管人员和其他直接责任人员依法给予处分。

第八十条 从事专利管理工作的国家机关工作人员以及其他有关国家机关工作人员玩忽职守、滥用职权、徇私舞弊，构成犯罪的，依法追究刑事责任；尚不构成犯罪的，依法给予处分。

第八章　附　则

第八十一条 向国务院专利行政部门申请专利和办理其他手续，应当按照规定缴纳费用。

第八十二条 本法自 1985 年 4 月 1 日起施行。

中国体育赛事知识产权保护研究

附录 4　中华人民共和国著作权法

中华人民共和国著作权法

（1990 年 9 月 7 日第七届全国人民代表大会常务委员会第十五次会议通过　根据 2001 年 10 月 27 日第九届全国人民代表大会常务委员会第二十四次会议《关于修改〈中华人民共和国著作权法〉的决定》第一次修正　根据 2010 年 2 月 26 日第十一届全国人民代表大会常务委员会第十三次会议《关于修改〈中华人民共和国著作权法〉的决定》第二次修正　根据 2020 年 11 月 11 日第十三届全国人民代表大会常务委员会第二十三次会议《关于修改〈中华人民共和国著作权法〉的决定》第三次修正）

第一章　总　　则

第一条　为保护文学、艺术和科学作品作者的著作权，以及与著作权有关的权益，鼓励有益于社会主义精神文明、物质文明建设的作品的创作和传播，促进社会主义文化和科学事业的发展与繁荣，根据宪法制定本法。

第二条　中国公民、法人或者非法人组织的作品，不论是否发表，依照本法享有著作权。

外国人、无国籍人的作品根据其作者所属国或者经常居住地国同中国签订的协议或者共同参加的国际条约享有的著作权，受本法保护。

外国人、无国籍人的作品首先在中国境内出版的，依照本法享有著作权。

未与中国签订协议或者共同参加国际条约的国家的作者以及无国籍人

的作品首次在中国参加的国际条约的成员国出版的,或者在成员国和非成员国同时出版的,受本法保护。

第三条 本法所称的作品,是指文学、艺术和科学领域内具有独创性并能以一定形式表现的智力成果,包括:

(一)文字作品;

(二)口述作品;

(三)音乐、戏剧、曲艺、舞蹈、杂技艺术作品;

(四)美术、建筑作品;

(五)摄影作品;

(六)视听作品;

(七)工程设计图、产品设计图、地图、示意图等图形作品和模型作品;

(八)计算机软件;

(九)符合作品特征的其他智力成果。

第四条 著作权人和与著作权有关的权利人行使权利,不得违反宪法和法律,不得损害公共利益。国家对作品的出版、传播依法进行监督管理。

第五条 本法不适用于:

(一)法律、法规,国家机关的决议、决定、命令和其他具有立法、行政、司法性质的文件,及其官方正式译文;

(二)单纯事实消息;

(三)历法、通用数表、通用表格和公式。

第六条 民间文学艺术作品的著作权保护办法由国务院另行规定。

第七条 国家著作权主管部门负责全国的著作权管理工作;县级以上地方主管著作权的部门负责本行政区域的著作权管理工作。

第八条 著作权人和与著作权有关的权利人可以授权著作权集体管理

组织行使著作权或者与著作权有关的权利。依法设立的著作权集体管理组织是非营利法人，被授权后可以以自己的名义为著作权人和与著作权有关的权利人主张权利，并可以作为当事人进行涉及著作权或者与著作权有关的权利的诉讼、仲裁、调解活动。

著作权集体管理组织根据授权向使用者收取使用费。使用费的收取标准由著作权集体管理组织和使用者代表协商确定，协商不成的，可以向国家著作权主管部门申请裁决，对裁决不服的，可以向人民法院提起诉讼；当事人也可以直接向人民法院提起诉讼。

著作权集体管理组织应当将使用费的收取和转付、管理费的提取和使用、使用费的未分配部分等总体情况定期向社会公布，并应当建立权利信息查询系统，供权利人和使用者查询。国家著作权主管部门应当依法对著作权集体管理组织进行监督、管理。

著作权集体管理组织的设立方式、权利义务、使用费的收取和分配，以及对其监督和管理等由国务院另行规定。

第二章　著作权

第一节　著作权人及其权利

第九条　著作权人包括：

（一）作者；

（二）其他依照本法享有著作权的自然人、法人或者非法人组织。

第十条　著作权包括下列人身权和财产权：

（一）发表权，即决定作品是否公之于众的权利；

（二）署名权，即表明作者身份，在作品上署名的权利；

（三）修改权，即修改或者授权他人修改作品的权利；

（四）保护作品完整权，即保护作品不受歪曲、篡改的权利；

（五）复制权，即以印刷、复印、拓印、录音、录像、翻录、翻拍、数字化等方式将作品制作一份或者多份的权利；

（六）发行权，即以出售或者赠与方式向公众提供作品的原件或者复制件的权利；

（七）出租权，即有偿许可他人临时使用视听作品、计算机软件的原件或者复制件的权利，计算机软件不是出租的主要标的的除外；

（八）展览权，即公开陈列美术作品、摄影作品的原件或者复制件的权利；

（九）表演权，即公开表演作品，以及用各种手段公开播送作品的表演的权利；

（十）放映权，即通过放映机、幻灯机等技术设备公开再现美术、摄影、视听作品等的权利；

（十一）广播权，即以有线或者无线方式公开传播或者转播作品，以及通过扩音器或者其他传送符号、声音、图像的类似工具向公众传播广播的作品的权利，但不包括本款第十二项规定的权利；

（十二）信息网络传播权，即以有线或者无线方式向公众提供，使公众可以在其选定的时间和地点获得作品的权利；

（十三）摄制权，即以摄制视听作品的方法将作品固定在载体上的权利；

（十四）改编权，即改变作品，创作出具有独创性的新作品的权利；

（十五）翻译权，即将作品从一种语言文字转换成另一种语言文字的权利；

（十六）汇编权，即将作品或者作品的片段通过选择或者编排，汇集成新作品的权利；

（十七）应当由著作权人享有的其他权利。

著作权人可以许可他人行使前款第五项至第十七项规定的权利，并依照约定或者本法有关规定获得报酬。

著作权人可以全部或者部分转让本条第一款第五项至第十七项规定的权利，并依照约定或者本法有关规定获得报酬。

第二节 著作权归属

第十一条 著作权属于作者，本法另有规定的除外。

创作作品的自然人是作者。

由法人或者非法人组织主持，代表法人或者非法人组织意志创作，并由法人或者非法人组织承担责任的作品，法人或者非法人组织视为作者。

第十二条 在作品上署名的自然人、法人或者非法人组织为作者，且该作品上存在相应权利，但有相反证明的除外。

作者等著作权人可以向国家著作权主管部门认定的登记机构办理作品登记。

与著作权有关的权利参照适用前两款规定。

第十三条 改编、翻译、注释、整理已有作品而产生的作品，其著作权由改编、翻译、注释、整理人享有，但行使著作权时不得侵犯原作品的著作权。

第十四条 两人以上合作创作的作品，著作权由合作作者共同享有。没有参加创作的人，不能成为合作作者。

合作作品的著作权由合作作者通过协商一致行使；不能协商一致，又无正当理由的，任何一方不得阻止他方行使除转让、许可他人专有使用、出质以外的其他权利，但是所得收益应当合理分配给所有合作作者。

合作作品可以分割使用的，作者对各自创作的部分可以单独享有著作权，但行使著作权时不得侵犯合作作品整体的著作权。

第十五条 汇编若干作品、作品的片段或者不构成作品的数据或者其他材料，对其内容的选择或者编排体现独创性的作品，为汇编作品，其著作权由汇编人享有，但行使著作权时，不得侵犯原作品的著作权。

第十六条 使用改编、翻译、注释、整理、汇编已有作品而产生的作品进行出版、演出和制作录音录像制品,应当取得该作品的著作权人和原作品的著作权人许可,并支付报酬。

第十七条 视听作品中的电影作品、电视剧作品的著作权由制作者享有,但编剧、导演、摄影、作词、作曲等作者享有署名权,并有权按照与制作者签订的合同获得报酬。

前款规定以外的视听作品的著作权归属由当事人约定;没有约定或者约定不明确的,由制作者享有,但作者享有署名权和获得报酬的权利。

视听作品中的剧本、音乐等可以单独使用的作品的作者有权单独行使其著作权。

第十八条 自然人为完成法人或者非法人组织工作任务所创作的作品是职务作品,除本条第二款的规定以外,著作权由作者享有,但法人或者非法人组织有权在其业务范围内优先使用。作品完成两年内,未经单位同意,作者不得许可第三人以与单位使用的相同方式使用该作品。

有下列情形之一的职务作品,作者享有署名权,著作权的其他权利由法人或者非法人组织享有,法人或者非法人组织可以给予作者奖励:

(一)主要是利用法人或者非法人组织的物质技术条件创作,并由法人或者非法人组织承担责任的工程设计图、产品设计图、地图、示意图、计算机软件等职务作品;

(二)报社、期刊社、通讯社、广播电台、电视台的工作人员创作的职务作品;

(三)法律、行政法规规定或者合同约定著作权由法人或者非法人组织享有的职务作品。

第十九条 受委托创作的作品,著作权的归属由委托人和受托人通过合同约定。合同未作明确约定或者没有订立合同的,著作权属于受托人。

第二十条 作品原件所有权的转移,不改变作品著作权的归属,但美术、摄影作品原件的展览权由原件所有人享有。

作者将未发表的美术、摄影作品的原件所有权转让给他人，受让人展览该原件不构成对作者发表权的侵犯。

第二十一条　著作权属于自然人的，自然人死亡后，其本法第十条第一款第五项至第十七项规定的权利在本法规定的保护期内，依法转移。

著作权属于法人或者非法人组织的，法人或者非法人组织变更、终止后，其本法第十条第一款第五项至第十七项规定的权利在本法规定的保护期内，由承受其权利义务的法人或者非法人组织享有；没有承受其权利义务的法人或者非法人组织的，由国家享有。

第三节　权利的保护期

第二十二条　作者的署名权、修改权、保护作品完整权的保护期不受限制。

第二十三条　自然人的作品，其发表权、本法第十条第一款第五项至第十七项规定的权利的保护期为作者终生及其死亡后五十年，截止于作者死亡后第五十年的 12 月 31 日；如果是合作作品，截止于最后死亡的作者死亡后第五十年的 12 月 31 日。

法人或者非法人组织的作品、著作权（署名权除外）由法人或者非法人组织享有的职务作品，其发表权的保护期为五十年，截止于作品创作完成后第五十年的 12 月 31 日；本法第十条第一款第五项至第十七项规定的权利的保护期为五十年，截止于作品首次发表后第五十年的 12 月 31 日，但作品自创作完成后五十年内未发表的，本法不再保护。

视听作品，其发表权的保护期为五十年，截止于作品创作完成后第五十年的 12 月 31 日；本法第十条第一款第五项至第十七项规定的权利的保护期为五十年，截止于作品首次发表后第五十年的 12 月 31 日，但作品自创作完成后五十年内未发表的，本法不再保护。

第四节　权利的限制

第二十四条　在下列情况下使用作品，可以不经著作权人许可，不向其支付报酬，但应当指明作者姓名或者名称、作品名称，并且不得影响该作品的正常使用，也不得不合理地损害著作权人的合法权益：

（一）为个人学习、研究或者欣赏，使用他人已经发表的作品；

（二）为介绍、评论某一作品或者说明某一问题，在作品中适当引用他人已经发表的作品；

（三）为报道新闻，在报纸、期刊、广播电台、电视台等媒体中不可避免地再现或者引用已经发表的作品；

（四）报纸、期刊、广播电台、电视台等媒体刊登或者播放其他报纸、期刊、广播电台、电视台等媒体已经发表的关于政治、经济、宗教问题的时事性文章，但著作权人声明不许刊登、播放的除外；

（五）报纸、期刊、广播电台、电视台等媒体刊登或者播放在公众集会上发表的讲话，但作者声明不许刊登、播放的除外；

（六）为学校课堂教学或者科学研究，翻译、改编、汇编、播放或者少量复制已经发表的作品，供教学或者科研人员使用，但不得出版发行；

（七）国家机关为执行公务在合理范围内使用已经发表的作品；

（八）图书馆、档案馆、纪念馆、博物馆、美术馆、文化馆等为陈列或者保存版本的需要，复制本馆收藏的作品；

（九）免费表演已经发表的作品，该表演未向公众收取费用，也未向表演者支付报酬，且不以营利为目的；

（十）对设置或者陈列在公共场所的艺术作品进行临摹、绘画、摄影、录像；

（十一）将中国公民、法人或者非法人组织已经发表的以国家通用语言文字创作的作品翻译成少数民族语言文字作品在国内出版发行；

（十二）以阅读障碍者能够感知的无障碍方式向其提供已经发表的作品；

（十三）法律、行政法规规定的其他情形。

前款规定适用于对与著作权有关的权利的限制。

第二十五条 为实施义务教育和国家教育规划而编写出版教科书，可以不经著作权人许可，在教科书中汇编已经发表的作品片段或者短小的文字作品、音乐作品或者单幅的美术作品、摄影作品、图形作品，但应当按照规定向著作权人支付报酬，指明作者姓名或者名称、作品名称，并且不得侵犯著作权人依照本法享有的其他权利。

前款规定适用于对与著作权有关的权利的限制。

第三章　著作权许可使用和转让合同

第二十六条 使用他人作品应当同著作权人订立许可使用合同，本法规定可以不经许可的除外。

许可使用合同包括下列主要内容：

（一）许可使用的权利种类；

（二）许可使用的权利是专有使用权或者非专有使用权；

（三）许可使用的地域范围、期间；

（四）付酬标准和办法；

（五）违约责任；

（六）双方认为需要约定的其他内容。

第二十七条 转让本法第十条第一款第五项至第十七项规定的权利，应当订立书面合同。

权利转让合同包括下列主要内容：

（一）作品的名称；

（二）转让的权利种类、地域范围；

（三）转让价金；

（四）交付转让价金的日期和方式；

（五）违约责任；

（六）双方认为需要约定的其他内容。

第二十八条 以著作权中的财产权出质的，由出质人和质权人依法办理出质登记。

第二十九条 许可使用合同和转让合同中著作权人未明确许可、转让的权利，未经著作权人同意，另一方当事人不得行使。

第三十条 使用作品的付酬标准可以由当事人约定，也可以按照国家著作权主管部门会同有关部门制定的付酬标准支付报酬。当事人约定不明确的，按照国家著作权主管部门会同有关部门制定的付酬标准支付报酬。

第三十一条 出版者、表演者、录音录像制作者、广播电台、电视台等依照本法有关规定使用他人作品的，不得侵犯作者的署名权、修改权、保护作品完整权和获得报酬的权利。

第四章 与著作权有关的权利

第一节 图书、报刊的出版

第三十二条 图书出版者出版图书应当和著作权人订立出版合同，并支付报酬。

第三十三条 图书出版者对著作权人交付出版的作品，按照合同约定享有的专有出版权受法律保护，他人不得出版该作品。

第三十四条 著作权人应当按照合同约定期限交付作品。图书出版者应当按照合同约定的出版质量、期限出版图书。

图书出版者不按照合同约定期限出版，应当依照本法第六十一条的规定承担民事责任。

图书出版者重印、再版作品的，应当通知著作权人，并支付报酬。图书脱销后，图书出版者拒绝重印、再版的，著作权人有权终止合同。

第三十五条 著作权人向报社、期刊社投稿的，自稿件发出之日起十五日内未收到报社通知决定刊登的，或者自稿件发出之日起三十日内未收到期刊社通知决定刊登的，可以将同一作品向其他报社、期刊社投稿。双方另有约定的除外。

作品刊登后，除著作权人声明不得转载、摘编的外，其他报刊可以转载或者作为文摘、资料刊登，但应当按照规定向著作权人支付报酬。

第三十六条 图书出版者经作者许可，可以对作品修改、删节。

报社、期刊社可以对作品作文字性修改、删节。对内容的修改，应当经作者许可。

第三十七条 出版者有权许可或者禁止他人使用其出版的图书、期刊的版式设计。

前款规定的权利的保护期为十年，截止于使用该版式设计的图书、期刊首次出版后第十年的12月31日。

第二节　表　演

第三十八条 使用他人作品演出，表演者应当取得著作权人许可，并支付报酬。演出组织者组织演出，由该组织者取得著作权人许可，并支付报酬。

第三十九条 表演者对其表演享有下列权利：

（一）表明表演者身份；

（二）保护表演形象不受歪曲；

（三）许可他人从现场直播和公开传送其现场表演，并获得报酬；

（四）许可他人录音录像，并获得报酬；

（五）许可他人复制、发行、出租录有其表演的录音录像制品，并获得报酬；

（六）许可他人通过信息网络向公众传播其表演，并获得报酬。

被许可人以前款第三项至第六项规定的方式使用作品，还应当取得著作权人许可，并支付报酬。

第四十条 演员为完成本演出单位的演出任务进行的表演为职务表演，演员享有表明身份和保护表演形象不受歪曲的权利，其他权利归属由当事人约定。当事人没有约定或者约定不明确的，职务表演的权利由演出单位享有。

职务表演的权利由演员享有的，演出单位可以在其业务范围内免费使用该表演。

第四十一条 本法第三十九条第一款第一项、第二项规定的权利的保护期不受限制。

本法第三十九条第一款第三项至第六项规定的权利的保护期为五十年，截止于该表演发生后第五十年的12月31日。

第三节 录音录像

第四十二条 录音录像制作者使用他人作品制作录音录像制品，应当取得著作权人许可，并支付报酬。

录音制作者使用他人已经合法录制为录音制品的音乐作品制作录音制品，可以不经著作权人许可，但应当按照规定支付报酬；著作权人声明不许使用的不得使用。

第四十三条 录音录像制作者制作录音录像制品，应当同表演者订立合同，并支付报酬。

第四十四条 录音录像制作者对其制作的录音录像制品，享有许可他人复制、发行、出租、通过信息网络向公众传播并获得报酬的权利；权利的保护期为五十年，截止于该制品首次制作完成后第五十年的12月31日。

被许可人复制、发行、通过信息网络向公众传播录音录像制品，应当同时取得著作权人、表演者许可，并支付报酬；被许可人出租录音录像制品，还应当取得表演者许可，并支付报酬。

第四十五条 将录音制品用于有线或者无线公开传播，或者通过传送声音的技术设备向公众公开播送的，应当向录音制作者支付报酬。

第四节 广播电台、电视台播放

第四十六条 广播电台、电视台播放他人未发表的作品，应当取得著作权人许可，并支付报酬。

广播电台、电视台播放他人已发表的作品，可以不经著作权人许可，但应当按照规定支付报酬。

第四十七条 广播电台、电视台有权禁止未经其许可的下列行为：

（一）将其播放的广播、电视以有线或者无线方式转播；

（二）将其播放的广播、电视录制以及复制；

（三）将其播放的广播、电视通过信息网络向公众传播。

广播电台、电视台行使前款规定的权利，不得影响、限制或者侵害他人行使著作权或者与著作权有关的权利。

本条第一款规定的权利的保护期为五十年，截止于该广播、电视首次播放后第五十年的12月31日。

第四十八条 电视台播放他人的视听作品、录像制品，应当取得视听作品著作权人或者录像制作者许可，并支付报酬；播放他人的录像制品，还应当取得著作权人许可，并支付报酬。

第五章 著作权和与著作权有关的权利的保护

第四十九条 为保护著作权和与著作权有关的权利，权利人可以采取技术措施。

未经权利人许可，任何组织或者个人不得故意避开或者破坏技术措施,不得以避开或者破坏技术措施为目的制造、进口或者向公众提供有关装置或者部件,不得故意为他人避开或者破坏技术措施提供技术服务。但是,法律、行政法规规定可以避开的情形除外。

本法所称的技术措施,是指用于防止、限制未经权利人许可浏览、欣赏作品、表演、录音录像制品或者通过信息网络向公众提供作品、表演、录音录像制品的有效技术、装置或者部件。

第五十条 下列情形可以避开技术措施,但不得向他人提供避开技术措施的技术、装置或者部件,不得侵犯权利人依法享有的其他权利:

(一)为学校课堂教学或者科学研究,提供少量已经发表的作品,供教学或者科研人员使用,而该作品无法通过正常途径获取;

(二)不以营利为目的,以阅读障碍者能够感知的无障碍方式向其提供已经发表的作品,而该作品无法通过正常途径获取;

(三)国家机关依照行政、监察、司法程序执行公务;

(四)对计算机及其系统或者网络的安全性能进行测试;

(五)进行加密研究或者计算机软件反向工程研究。

前款规定适用于对与著作权有关的权利的限制。

第五十一条 未经权利人许可,不得进行下列行为:

(一)故意删除或者改变作品、版式设计、表演、录音录像制品或者广播、电视上的权利管理信息,但由于技术上的原因无法避免的除外;

(二)知道或者应当知道作品、版式设计、表演、录音录像制品或者广播、电视上的权利管理信息未经许可被删除或者改变,仍然向公众提供。

第五十二条 有下列侵权行为的,应当根据情况,承担停止侵害、消除影响、赔礼道歉、赔偿损失等民事责任:

(一)未经著作权人许可,发表其作品的;

(二)未经合作作者许可,将与他人合作创作的作品当作自己单独创作的作品发表的；

（三）没有参加创作，为谋取个人名利，在他人作品上署名的；

（四）歪曲、篡改他人作品的；

（五）剽窃他人作品的；

（六）未经著作权人许可，以展览、摄制视听作品的方法使用作品，或者以改编、翻译、注释等方式使用作品的，本法另有规定的除外；

（七）使用他人作品，应当支付报酬而未支付的；

（八）未经视听作品、计算机软件、录音录像制品的著作权人、表演者或者录音录像制作者许可，出租其作品或者录音录像制品的原件或者复制件的，本法另有规定的除外；

（九）未经出版者许可，使用其出版的图书、期刊的版式设计的；

（十）未经表演者许可，从现场直播或者公开传送其现场表演，或者录制其表演的；

（十一）其他侵犯著作权以及与著作权有关的权利的行为。

第五十三条 有下列侵权行为的，应当根据情况，承担本法第五十二条规定的民事责任；侵权行为同时损害公共利益的，由主管著作权的部门责令停止侵权行为，予以警告，没收违法所得，没收、无害化销毁处理侵权复制品以及主要用于制作侵权复制品的材料、工具、设备等，违法经营额五万元以上的，可以并处违法经营额一倍以上五倍以下的罚款；没有违法经营额、违法经营额难以计算或者不足五万元的，可以并处二十五万元以下的罚款；构成犯罪的，依法追究刑事责任：

（一）未经著作权人许可，复制、发行、表演、放映、广播、汇编、通过信息网络向公众传播其作品的，本法另有规定的除外；

（二）出版他人享有专有出版权的图书的；

（三）未经表演者许可，复制、发行录有其表演的录音录像制品，或者通过信息网络向公众传播其表演的，本法另有规定的除外；

（四）未经录音录像制作者许可，复制、发行、通过信息网络向公众传播其制作的录音录像制品的，本法另有规定的除外；

（五）未经许可，播放、复制或者通过信息网络向公众传播广播、电视的，本法另有规定的除外；

（六）未经著作权人或者与著作权有关的权利人许可，故意避开或者破坏技术措施的，故意制造、进口或者向他人提供主要用于避开、破坏技术措施的装置或者部件的，或者故意为他人避开或者破坏技术措施提供技术服务的，法律、行政法规另有规定的除外；

（七）未经著作权人或者与著作权有关的权利人许可，故意删除或者改变作品、版式设计、表演、录音录像制品或者广播、电视上的权利管理信息的，知道或者应当知道作品、版式设计、表演、录音录像制品或者广播、电视上的权利管理信息未经许可被删除或者改变，仍然向公众提供的，法律、行政法规另有规定的除外；

（八）制作、出售假冒他人署名的作品的。

第五十四条 侵犯著作权或者与著作权有关的权利的，侵权人应当按照权利人因此受到的实际损失或者侵权人的违法所得给予赔偿；权利人的实际损失或者侵权人的违法所得难以计算的，可以参照该权利使用费给予赔偿。对故意侵犯著作权或者与著作权有关的权利，情节严重的，可以在按照上述方法确定数额的一倍以上五倍以下给予赔偿。

权利人的实际损失、侵权人的违法所得、权利使用费难以计算的，由人民法院根据侵权行为的情节，判决给予五百元以上五百万元以下的赔偿。

赔偿数额还应当包括权利人为制止侵权行为所支付的合理开支。

人民法院为确定赔偿数额，在权利人已经尽了必要举证责任，而与侵权行为相关的账簿、资料等主要由侵权人掌握的，可以责令侵权人提供与侵权行为相关的账簿、资料等；侵权人不提供，或者提供虚假的账簿、资料等的，人民法院可以参考权利人的主张和提供的证据确定赔偿数额。

人民法院审理著作权纠纷案件，应权利人请求，对侵权复制品，除特殊情况外，责令销毁；对主要用于制造侵权复制品的材料、工具、设备等，责令销毁，且不予补偿；或者在特殊情况下，责令禁止前述材料、工具、设备等进入商业渠道，且不予补偿。

第五十五条 主管著作权的部门对涉嫌侵犯著作权和与著作权有关的权利的行为进行查处时，可以询问有关当事人，调查与涉嫌违法行为有关的情况；对当事人涉嫌违法行为的场所和物品实施现场检查；查阅、复制与涉嫌违法行为有关的合同、发票、账簿以及其他有关资料；对于涉嫌违法行为的场所和物品，可以查封或者扣押。

主管著作权的部门依法行使前款规定的职权时，当事人应当予以协助、配合，不得拒绝、阻挠。

第五十六条 著作权人或者与著作权有关的权利人有证据证明他人正在实施或者即将实施侵犯其权利、妨碍其实现权利的行为，如不及时制止将会使其合法权益受到难以弥补的损害的，可以在起诉前依法向人民法院申请采取财产保全、责令作出一定行为或者禁止作出一定行为等措施。

第五十七条 为制止侵权行为，在证据可能灭失或者以后难以取得的情况下，著作权人或者与著作权有关的权利人可以在起诉前依法向人民法院申请保全证据。

第五十八条 人民法院审理案件，对于侵犯著作权或者与著作权有关的权利的，可以没收违法所得、侵权复制品以及进行违法活动的财物。

第五十九条 复制品的出版者、制作者不能证明其出版、制作有合法授权的，复制品的发行者或者视听作品、计算机软件、录音录像制品的复制品的出租者不能证明其发行、出租的复制品有合法来源的，应当承担法律责任。

在诉讼程序中，被诉侵权人主张其不承担侵权责任的，应当提供证据证明已经取得权利人的许可，或者具有本法规定的不经权利人许可而可以使用的情形。

第六十条 著作权纠纷可以调解，也可以根据当事人达成的书面仲裁协议或者著作权合同中的仲裁条款，向仲裁机构申请仲裁。

当事人没有书面仲裁协议，也没有在著作权合同中订立仲裁条款的，可以直接向人民法院起诉。

第六十一条 当事人因不履行合同义务或者履行合同义务不符合约定而承担民事责任，以及当事人行使诉讼权利、申请保全等，适用有关法律的规定。

第六章 附 则

第六十二条 本法所称的著作权即版权。

第六十三条 本法第二条所称的出版，指作品的复制、发行。

第六十四条 计算机软件、信息网络传播权的保护办法由国务院另行规定。

第六十五条 摄影作品，其发表权、本法第十条第一款第五项至第十七项规定的权利的保护期在 2021 年 6 月 1 日前已经届满，但依据本法第二十三条第一款的规定仍在保护期内的，不再保护。

第六十六条 本法规定的著作权人和出版者、表演者、录音录像制作者、广播电台、电视台的权利，在本法施行之日尚未超过本法规定的保护期的，依照本法予以保护。

本法施行前发生的侵权或者违约行为，依照侵权或者违约行为发生时的有关规定处理。

第六十七条 本法自 1991 年 6 月 1 日起施行。